講座　みんなで学ぶ党規約

「支部が主役」で強く大きな党に

発行にあたって

この冊子は、『月刊学習』の二〇一四年六月号から一〇月号まで掲載された、「連載講座　みんなで学ぶ党規約」と、日本共産党規約全文を収録しています。

日本共産党規約（以下、規約とします）が改定された二〇〇〇年十一月の第二十二回党大会から十四年たちました。

『月刊学習』の「連載講座」は、二〇一四年一月の第二十六回党大会が、「『自共対決』時代の本格的な始まり」という歴史的時期を迎えてよびかけた、党建設の「二大目標」――二〇一〇年代に党勢の倍加と党の世代的継承――をやりとげていくために、党活動、党づくりのもっとも基本的なあり方をしめす規約そのものを学ぶことを目的にしていました。

同年十二月にたたかわれた総選挙で、日本共産党は八議席から二十一議席へと「画期的な躍進」を実現しました。党建設の「二大目標」をやりとげていく意義がますます大きくなっているもとで、党機関、支部のみなさんが、規約を学び、身につけ、規約にもとづく党活動、党づくりをすすめるために、この冊子を積極的に活用されることをよびかけます。

はじめに、第一回、第二回は和田一男、第三回は近藤奈津子、第四回は細野大海、第五回は平井恒雄が担当しました。冊子の発行にあたり、「連載講座」に、一部、加筆、補強をしました。

二〇一五年二月

日本共産党中央委員会組織局

目　次

第三回　私たち、日本共産党員……47

日本共産党規約

はじめに——なぜ党規約を学ぶのか

日本共産党規約は、綱領とともに、日本共産党にとってもっとも大切な文書です。綱領は、日本と世界の歴史と現状、日本の政治の民主的改革の道すじ、未来社会の展望を明らかにした日本共産党の根本方針です。規約は、党の目的と性格、組織原則など、党組織のあり方、組織の運営と活動の基本となる基準・ルールを示しています。規約は十一章五十七条からなり、約九千字で、三十〜四十分で読むことができます。規約の内容を正しく理解し、たえず規約にたちかえって活動を発展させていく姿勢で努力してこそ、党員のみなさんは入党の初心を生かして活動し、成長できるし、日本共産党らしい、強く大きな支部づくりをすすめることができます。

現在の規約は、二〇〇〇年の第二十二回党大会で、全般にわたって改定されました。党大会の党規約改定案についての報告は、この改定の意義について、①「日本共産党と日本社会の関係が大きく変わったことに対応したもの」であり、「わかりやすさを重視し、誤解を生みやすい表現を除くことに力を入れた」、②「『二十一世紀の早い時期に民主連合政府をつくる』という大事業を担いうる、大き

2013年参議院選挙、2014年総選挙で躍進した日本共産党国会議員団
(2014年12月、国会議事堂前)

な、民主的な活力に満ちた党をきずき上げる力となるもの」、③「マルクス、エンゲルス以来の共産党論あるいは労働者党論をふまえ、それを現代日本的に展開したものであり、科学的社会主義の大道にたったもの」と述べています。党大会での討論の結語は、「党規約によって党を語り、党を考える、党規約によって党の運営と活動を語り、考える。まさに、規約とその精神が日常の党活動の力になるという状況がつくられつつある」と述べました*。

規約改定から十四年、この間に、私たちは、さまざまな困難や試練、曲折をのりこえ、二〇一三年の東京都議選、参議院選挙、二〇一四年の総選挙で躍進をかちとり、二〇一〇年代を党躍進の歴史的時代にしていく一歩をふみだしています。二〇一四年一月の第二十六回党大会は、「『自共対決』時代の本格的な始まり」という新しい時期をむかえ、政治を変える大きな流れをつくりだすために、国政、地方政治での躍進、それを支える強く大きな党をつくりあげることをよびかけました。こういう歴史的時代に、規約を学び、規約にもとづく党活動、党づくりにとりくむ意義はますます大きくなっています。

内容に入る前に、規約をいま学ぶ意味、重要性について、二つの点から具体的に考えてみたいと思います。

＊旧規約は一九五八年の第七回党大会で骨格がつくられ、その後、党大会のたびに改定が重ねられてきました。新しい規約は、改定の意義に示されているように、旧規約の部分的な改定ではなく、今日の時代における党と国民との関係をふまえ、党の歴史的任務をなしとげていくにふさわしい内容が凝縮されていることをしっかり学んでいくことが大切です。

規約を学び、身につけて活動する党に

一つは、新しく入党されたみなさんをはじめ、すべての党員、支部、機関が、綱領とともに、規約を学び、身につけて活動することがあたりまえの党になることです。

規約第八条は、「党組織は、新入党者にたいし、その成長を願う立場から、綱領、規約など、日本共産党の一員として活動するうえで必要な基礎知識を身につけるための教育を、最優先でおこなう」と規定しています。中央委員会は、第二十六回党大会後、新入党員教育の位置づけを抜本的に高め、綱領それまで二十年近く続けてきた、〝新入党員学習ＤＶＤ〟を視聴するというやり方をあらため、綱領

と規約そのものを学ぶことをよびかけました。

支部が、新たに入党したみなさんに、綱領とともに規約を学んでもらうためには、支部自身が規約を学び、身につけ、実践することが何より大切です。規約は党活動、支部活動のあり方を示すものですから、例えば、「支部の会議を、原則として週一回定期的にひらく」など、支部活動が規約にもとづいてとりくまれてこそ、新入党員が、「規約にもとづく活動って、こういうことなんだ」と理解し、身につけていくことができるからです。ところが、現実には、「規約を手にするのは支部総会をひらくときだけ」という支部が少なくありません。支部で中心的に活動している党員のなかにも、規約をきちんと学んだことがないという方がいます。

こういう現状をあらため、党員は綱領とともに規約を学ぶこと、支部、機関は、規約を学び、身につけて活動し、運営することがあたりまえという気風をつくるために、この機会に規約を学習会のテーマにして、学ぶことをよびかけます。

支部、機関で規約を学ぶ際、その内容を正確につかむことが何より大切です。そして、規約にてらして、自分たちの活動をふりかえり、積極面、問題点、課題を明らかにしていく姿勢を身につけていくことです。活動を発展させている党組織、支部の経験を読んだり、聞いたりする際、そのベースには、ときどきの党大会、中央委員会の決定とともに、綱領と規約にもとづく粘り強い努力があることを学んでいきましょう。また、活動のなかで生まれてくるさまざまな問題も、規約にもとづき、規約の精神を生かして解決していく力をつちかいましょう。

規約を、強く大きな党をきずく力に

二つは、規約を、今日の情勢がもとめる強く大きな党をきずく力にしていくということです。

第二十六回党大会報告は、「『自共対決』時代の本格的な始まり」という新しい情勢のもとで、「開始された〝第三の躍進〟を本格的な流れに発展させ、二〇一〇年代を民主連合政府樹立への道を開く躍進の時代にできるかどうかは、決議案が提起した二〇一〇年代の党建設の二大目標——党勢の倍加と党の世代的継承が成功するかどうかにかかっています。根本的には、ひとえにここにかかっているといっても過言ではありません」と、強く大きな党づくりの特別の重要性を強調しました。

規約が強く大きな党づくりの力になる、とはどういうことでしょうか。具体的内容は規約の各章にそって学んでいきますが、まず全体を通じてのポイントをいくつか紹介します。

——なぜ強く大きな党をつくるのかについて、綱領的展望にたって支部の任務を明らかにしています。綱領は、日本の民主的改革の事業は「国民多数の支持を得て」、一歩一歩すすんでゆくこと、それを実現するのは、各界各層の人たちが共同し、団結する統一戦線の力であることを明らかにしています。そして、その決定的条件として、「日本共産党が、高い政治的、理論的な力量と、労働者をはじめ国民諸階層と広く深く結びついた強大な組織力をもって発展すること」と規定しています。綱領が示す展望を実現していくには、強く大きな党づくりが次の世代、その次の世代へと将来にわたって受けつがれ、発展し続けていくことに決定的な意味があるということです。

規約は、こういう綱領的展望にたって、党活動のあり方の基本を明らかにしています。とくに党の基礎組織である支部の任務の一つに、「その職場、地域、学園で多数者の支持をえることを長期的な任務とし、その立場から、要求にこたえる政策および党勢拡大の目標と計画をたて、自覚的な活動にとりくむ」（第四十条（二））と規定しています。ここに綱領の実現をめざす支部の重要な任務があることを深く理解することは、多忙ななか、目の前の活動だけに追われることなく、粘り強く系統的に党づくりにとりくむ支部に成長していくうえで決定的です。

――規約は、日本共産党の性格をふまえ、それにふさわしい広い視野にたった党づくりの方向を明確にしています。第二条は、「日本共産党は、日本の労働者階級の党であると同時に、日本国民の党であり、民主主義、独立、平和、国民生活の向上、そして日本の進歩的未来のために努力しようとするすべての人びとにその門戸を開いている」と規定しています。これは、私たちが日ごろの党活動で力をあわせる人たち、入党を働きかける人たちに狭さはないか、このような人たちに「門戸を開いている」というにふさわしい活動になっているのか、たえずたちかえって考えてみるべき大切な規定です。

――規約には、党に迎えていきたい多くの人たちにぜひとも理解してもらうべき、日本共産党はどういう政党かという性格づけ、一人ひとりが入党するにあたって理解・納得してもらうべきこと、入党した党員の成長のために党支部・機関がはたす責任など、あいまいにしてはならない大事な規定があります。

さらに、支部がたえず新しい党員を迎えながら、どのように運営し、活動を発展させるのか、一つひとつの支部の活動を豊かに発展させるために、党の組織と運営のあり方、党機関の任務と役割など、長年の党づくりの経験と教訓をふまえた法則的な活動のあり方が示されています。支部も機関も、規約にもとづく活動、運営に努力してこそ、党員一人ひとりがもつ多彩な力、集団の力、結束した力を発揮していくことができます。

このように、規約には、強く大きな党づくりの根本にかかわる大事な問題が凝縮されています。第二十六回党大会の結語は、「実力のうえでも『自共対決』といえる時代を」を合言葉に、「強く大きな党をつくり、実力のうえでも日本共産党が自民党とがっぷり四つで対決する時代を開こう」とよびかけました。この指針となるのが規約です。歴史的課題に挑戦するいま、すべての支部、党員のみなさんが、規約を学び、身につけ、実践する意味はとても大きいのではないでしょうか。

以上をふまえ、この講座では、規約の内容そのものを学び、正確につかみ、私たちの日々の活動、とくに、党勢の倍加と党の世代的継承という「二大目標」をやりぬく党づくりの力にしていく立場から規約を学んでいきます。

（和田一男・組織局）

第一回　日本共産党の自己紹介

「第一章　日本共産党の名称、性格、組織原則」は、日本共産党という党名、日本共産党はどんな政党か、どんな組織原則＝組織運営のルールで活動するかなどを規定しています。今回は、第一条、第二条について学び、第三条は第二回で学びます。

「日本共産党」の名にこめられた意味を広く国民に

「第一条　党の名称は、日本共産党とする」

「日本共産党」――私たちは、この党の名前をとても大切にしています。二〇一三年の日本共産党創立九十一周年記念講演で、志位和夫委員長は、「多くの党が、党をつくったり壊したり、くっついたり離れたりというなかで、名前を変えないことが日本共産党の一貫した姿を象徴するものとなっている」としたうえで、「日本共産党という名前は、党をつくって九十一年、『反戦平和』『国民主権』の旗を命がけで守り抜いてきた、不屈の歴史と固く結びついている」こと、同時に、「人類が将来、資本主義のさまざまな矛盾をのりこえて、未来社会――社会主義・共産主義社会にすすむことを展望して」いる党であり、「日本共産党という名前には、九十一年の不屈の歴史とともに、未来社会の理想がこめられております」と述べています。

私たちが、日本共産党という名前を大切にし、こめられた意味を国民に語り広げることを特別に重視しているのは、日本共産党という党名そのものが、戦前から今日にいたるまで、日本の支配層による攻撃の対象とされてきているからです。

戦前、日本の支配層は、日本共産党を、天皇絶対の専制政治とは絶対に相いれないものとして、弾圧の対象とし、「国賊」、「非国民」よばわりしてきたために、当時の国民のあいだには、〝共産党は怖いもの。近づくな〟という偏見（「反共偏見」といいます）がかたちづくられました。戦後も、日本共産党を国政、地方政治の舞台からしめだすために、ことあるごとに日本共産党を攻撃し、「日本共産党」という名前を傷つけようとしてきました。旧ソ連や北朝鮮などをひきあいにだし、日本共産党も〝同じ穴のムジナ〟というウソの宣伝も手をかえ品をかえ、くりかえされています。これらは、国民に広く影響をあたえており、みなさんのまわりでも、〝共産党は政策もいいし、党員も信頼できる。名前を変えたらもっと支持が広がるのでは〟という話がしばしばだされているのではないでしょうか。

それだけに、「国民多数の支持」を得ていく展望にたって、国政選挙、地方選挙を重ねるたびに日本共産党を支持する国民を末広がりに増やし続けていくには、日本共産党という名前にこめられた意味を堂々と語り、理解、支持を広げていく日常不断の努力が大切です。

「労働者階級の党であると同時に、日本国民の党」にふさわしく

第二条は、日本共産党の性格を簡潔に規定しています。ここには、党活動の立脚点、基本姿勢にかかわる非常に大事な内容が示されています。

「第二条　日本共産党は、日本の労働者階級の党であると同時に、日本国民の党であり、民主主義、独立、平和、国民生活の向上、そして日本の進歩的未来のために努力しようとするすべての人びとにその門戸を開いている。

党は、創立以来の『国民が主人公』の信条に立ち、つねに国民の切実な利益の実現と社会進歩の促進のためにたたかい、日本社会のなかで不屈の先進的な役割をはたすことを、自らの責務として自覚している。終局の目標として、人間による人間の搾取もなく、抑圧も戦争もない、真に平等で自由な人間関係からなる共同社会の実現をめざす。

党は、科学的社会主義を理論的な基礎とする」

最初の段落は、「日本共産党は、日本の労働者階級の党であると同時に、日本国民の党」と性格づけています。

日本社会の現実をみると、労働力人口（十五歳以上の就業者、失業者の合計）にしめる労働者の割合は、一九六〇年に51％と過半数となり、今日80％をこえる圧倒的多数になっており（二〇一〇年の

日本の階級の内訳

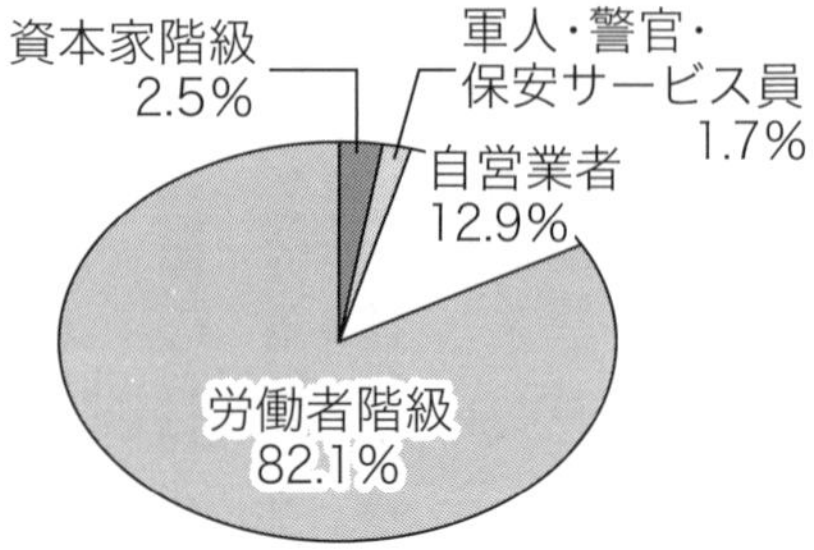

注）従業上の地位「不詳」を含むので
合計は100%にならない。
出所）2010年国勢調査から（『月刊学習』
2012年2月号、羽田野修一論文参照）

国勢調査では82・1%）、労働者は、長く続く賃金の下落、非正規雇用の増大などの雇用破壊に苦しめられています。労働者以外の働く人たち（中小・自営業者、農漁民など）や、増え続けている年金生活の人たちも、消費税増税や医療・社会保障改悪などの悪政の犠牲になっています。ですから、労働者階級の地位向上なしに、日本国民全体の生活改善はなく、また、国民全体の生活の改善に力をつくしてこそ、労働者階級の地位を向上させていくことができます。

この性格づけは、日本共産党が、「国民が主人公」の立場にたち、社会の変革を「国民多数の支持を得て」一歩一歩すすめることを根本方針にしていること、綱領が当面の目標を「資本主義の枠内での民主的改革」にしているように、日本社会が解決をもとめ、国民大多数の利益（狭い意味での労働者だけの利益でなく）にこたえる民主主義的な課題の実現のために力をつくすという点で、もっとも徹底した変革者の党であることと一体のものです。

「労働者階級の党」という規定は、労働者だけで構成される政党ということではなく、労働者階級がになっている「歴史的使命」――第二条の第二段落に「終局の目標」として、その内容を規定している社会主義・共産主義の社会――の実現をめざす政党という意味です。この事業をすすめる主力が労働者階級であるということは、科学的社会主義の理論の核心の一つです。同時に、この歴史的事業は労働者階級だけでなく、資本主義の害悪に苦しむ国民大多数の利益に合致する国民的な性格をもっていますから、この事業には、労働者階級だけでなく、さまざまな階級に所属する人たちが参加できるし、実際に参加してきています。

規約が、党のこういう性格をふまえ、「民主主義、独立、平和、国民生活の向上、そして日本の進歩的未来のために努力しようとするすべての人びとにその門戸を開いている」と規定していることはとても重要です。ここには、日本共産党が、労働者も、それ以外の人たちも、自分たちのくらしと日本の進路をめぐる切実な要求をもつすべての国民と力をあわせる政党であり、そういう方々に日本共産党の一員になっていただくことができることが示されています。「はじめに」で述べたように、この規定にしっかり学ぶことは、私たちが多くの人びととの共同を多彩に発展させ、また、そこで結びついた人たちを、党に迎えていく支部活動をつくりだしていく大きな力になるものです。もちろん、入党はだれでも無条件にということではなく、規約第二章にはその資格要件が示されています。

「不屈の先進的役割をはたす」の意味は

第二条の第二段落は、まず、日本共産党がはたす役割について、「日本社会のなかで不屈の先進的な役割をはたすことを、自らの責務として自覚している」と規定しています。「不屈の先進的な役割」とは、実践においては不屈性、理論的には先見性を発揮するということです。私たちが、いろいろな活動にとりくむとき、多くの人たちと力をあわせるときに、さまざまな困難、攻撃や迫害に負けずに不屈にがんばりぬくとともに、目先のことだけでなく、科学の立場から、先々の見通しを持ち、未来社会の展望まで見定めながら活動するということです。「自らの責務として自覚している」というのは、不屈性も先見性も、日本共産党自身の自己評価であり、党外の人たちに押しつけるものではないという意味です。

第二十二回党大会での規約改定では、それまでの規約にあった「前衛政党」、「前衛党」という規定を削除しました。もともと、この言葉が表現していたのは、実践的には不屈性、理論的には先見性を発揮するという意味であり、日本共産党が「前衛」だから特別の地位にあるとか、国民に党の考えを押しつけるということではありませんでした。しかし、「前衛」という言葉は、党と国民、党とさまざまな団体との関係で、〝指導するもの〟と〝指導されるもの〟という誤解をうみかねないものでした。そこで、現在の規約では、「前衛」という言葉を削除し、誤解の余地がないように、「日本社会のなかで不屈の先進的な役割をはたすことを、自らの責務として自覚している」と規定しているのです。

この問題は、第二十六回党大会決議（29）で、日本共産党が「自由と民主主義、政治体制という点でも、日本での社会主義の道は、中国などとは異なる道をすすむことになる」と述べていることとも大切な関連があります。大会決議は、中国、ベトナム、キューバでは、政治体制の面で、事実上の一党制をとり、それぞれの憲法で「共産党の指導性」が明記されていることについて、「日本では、このようなことは決して起こりえないことである」として、綱領の次の規定を紹介しています。「『社会主義』の名のもとに、特定の政党に『指導』政党としての特権を与えたり、特定の世界観を『国定の哲学』と意義づけたりすることは、日本における社会主義の道とは無縁であり、きびしくしりぞけられる」。

今日求められる「不屈性」、「先見性」とは

それでは、今日の党活動、支部活動にどのような「不屈性」、「先見性」の発揮が求められているのでしょうか。

第二十六回党大会は、「自共対決」時代の本格的な始まりという情勢のもとで、「対決」、「対案」、「共同」という政治姿勢を堅持し、現実政治を動かす奮闘をよびかけました。そして、二〇一〇年代を民主連合政府への道をひらく躍進の時代にできるかどうかは、党勢の倍加と党の世代的継承という「二大目標」をやりぬくことにかかっていると提起しました。一つひとつの支部が、支部活動の中心的にない手だった党員の高齢化や退職などの現実をのりこえ、新しいにない手を育て、ひとまわり、ふたまわり大きな支部へと前進し、活動を発展させることが最重要の課題になっているといっても過言ではありません。

いま、このよびかけにこたえて前進する支部が生まれています。そういう支部では、安倍政権の暴走がつくりだしている国民の生活苦、原発推進や改憲などへの怒り、不安が、国民のたたかいを発展させ、日本共産党の立場、政策への期待、共感を広げていることに確信をもって、たたかいの先頭に

たっています。同時に、職場でも地域でも、若い世代から高齢世代まで、支配層とマスメディアが執拗にふりまく体制擁護論、「自己責任」論など、社会的連帯をきずいていくうえでさまざまな障害があることも直視し、それをのりこえるために、綱領が示す展望に確信をもって、知恵と力を発揮し、不屈に粘り強く努力していることが共通しています。

みなさんの支部が、たたかい、築いてきた誇りある歴史、職場・地域・学園をてらしてきた希望の灯を次の世代にひきつぐことに支部の役割、綱領的任務があることをつかんで、労働者、住民、学生と深く結びつき、その願いにこたえながら、さまざまな困難や障害に負けずに、粘り強く党をつくっていく――ここにこそ、「不屈性」、「先見性」の発揮が求められているのではないでしょうか。

悪政に苦しむ人たちに未来社会の展望を

第二条の第二段落では、日本共産党の性格にかかわる大切な問題として、「終局の目標」――最終的にめざす目標を明記しています。日本共産党がめざす未来社会は、利潤第一主義の資本主義をのりこえる、社会主義・共産主義の社会です。規約第二条は、その内容として、「終局の目標として、人間による人間の搾取もなく、抑圧も戦争もない、真に平等で自由な人間関係からなる共同社会の実現をめざす」と規定しています。

第二十二回党大会の党規約改定案についての報告は、「真に平等で自由な人間関係からなる共同社会」という三つ目の特徴づけが大事だとして、「他の人を不自由にすることで自分が自由になるというのが、これまでの階級社会の特徴だった、これにたいして未来の共同社会というのは、一人ひとりの自由が社会のすべての人たちの自由の条件になり、社会のすべての人たちの自由が一人ひとりの自由の条件になる、そういう相互作用が保障される社会だということで、このことを明確に規定した」と強調し、「各人の自由な発展が万人の自由な発展の条件となる」社会というマルクス、エンゲルスの言葉を紹介しています。

日本共産党が示す未来社会の展望には、人間を使い捨てにするブラック企業のまん延など、資本主義の利潤第一主義の害悪に苦しむ人たちから共感が寄せられています。第二十六回党大会の討論では、このことが生きいきと語られました。

長野の党大会評議員は、今日の資本主義がきわだった「浪費型の経済」になっているとの決議案・報告の指摘にかかわり、県内の働く若い世代の実態にふれながら、「未来社会こそ『人間、生きた労働の浪費』が一掃され、労働時間の抜本的な短縮で一人ひとりの人間的発達を保障する土台が生まれてきます。未来社会への展望は、いまの若い世代、生きた人間の使い捨てにより苦しむ、あらゆる世代への確かなメッセージになっている」と述べました。志位和夫委員長は結語で、「若い世代の悩みや苦しみに心を寄せ、そのエネルギーに信頼を寄せ、願いや思いをともに実現し、日本共産党という希望を届け、未来への展望を語ることは、若い世代に対する日本共産党の重大な責任」、「未来社会の問題は、苦手の問題ではない。決して難しい問題でもない。ここにこそ、資本主義を乗り越えるロマンと大志をもって活動する日本共産党の真骨頂がある」と強調しました。

「国民多数の支持」を得ていくためには、日本共産党がめざす社会主義・共産主義の社会について、さまざまな誤解をとき、理解を得ていくことが不可欠であり、規約でその内容が特徴づけられたことを力にして、語り、広げていきましょう。

科学的社会主義を理論的な基礎にする

第二条の最後は「党は、科学的社会主義を理論的な基礎とする」です。

科学的社会主義とは、一九世紀にカール・マルクスがフリードリヒ・エンゲルスと協力して基礎づけた理論と運動で、その内容は、自然と人間の社会、歴史についての見方、経済理論、労働者階級の解放と未来社会の展望、社会変革の道をきりひらく革命論などからなっています。科学的社会主義の理論は、歴史的条件の変化や人間知識の進歩に応じて、不断に進歩・発展するところに生命力があり、日本と世界の歴史と現在を解明し、そのゆく手を示す科学的羅針盤です。

日本共産党は、半世紀にわたり、旧ソ連や中国の毛沢東派などとのたたかいをとおして、また、日々ぶつかる日本と世界のさまざまな問題にたちむかうなかで、科学的社会主義の理論の本来の姿を復活させ、現代に生かすための努力を続け、その内容が、綱領と規約に結実しています。

第二十二回党大会の党規約改定案についての報告は、「科学的社会主義の事業にとりくむ私たちが、先人たちから受けつぐべきものは、なによりも人間社会の進歩のために不屈に奮闘する変革の精神であり、また、不断に発展してゆく人間知識の成果をふまえて、社会と自然を〝科学の目〟でとら

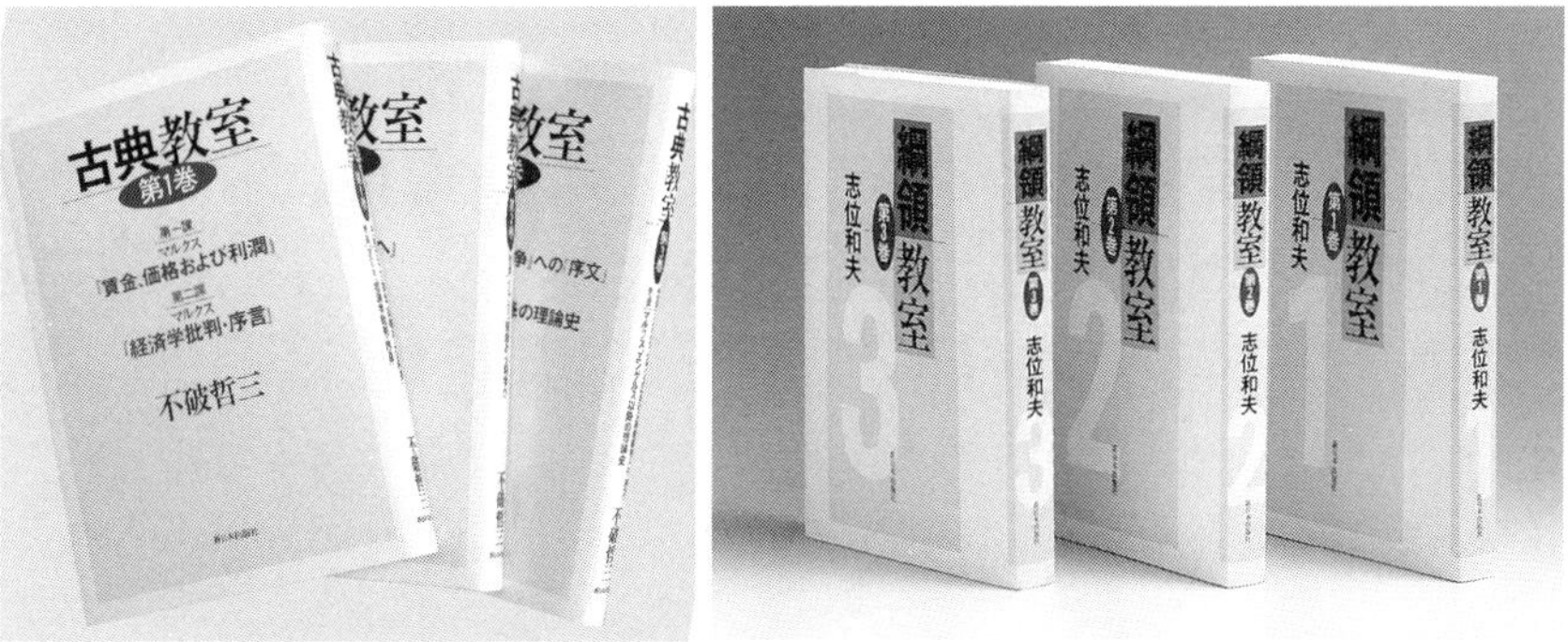

『古典教室』全３巻（左）と**『綱領教室』全３巻**（右、ともに新日本出版社発行）

える努力をつくす科学的な態度であります」と述べています。

その意味で、「科学的社会主義を理論的な基礎とする」という規約の規定はたいへん重要です。日本共産党の綱領が、日本社会を深く分析し、日本社会の発展方向、社会主義・共産主義の未来への展望を明確にさし示しているのも、日本と世界でどのように複雑な問題がおこっても、労働者階級と国民の立場にたって、解決の道すじ、展望を示すことができるのも、科学的社会主義を理論的基礎にしているからです。

今後学ぶことですが、規約は、党員の権利と義務の一つとして、「党大会、中央委員会の決定をすみやかに読了し、党の綱領路線と科学的社会主義の理論の学習につとめる」（第五条（七））と規定しています。「綱領・古典の連続教室」（ＤＶＤ、それぞれ三巻の書籍も発行）の学習を、「全党的な学習運動に発展させることを、第二十六回党大会期の一大事業に位置づける」との党大会のよびかけにこたえ、支部、機関で、粘り強く学んでいきましょう。

（和田一男・組織局）

第二回　民主集中制の組織原則とは

今回は、規約第三条「民主集中制の組織原則」について学びます。

党内の民主主義を大切に、統一した力を発揮するために

「第三条　党は、党員の自発的な意思によって結ばれた自由な結社であり、民主集中制を組織の原則とする。その基本は、つぎのとおりである。

（一）党の意思決定は、民主的な議論をつくし、最終的には多数決で決める。

（二）決定されたことは、みんなでその実行にあたる。行動の統一は、国民にたいする公党としての責任である。

（三）すべての指導機関は、選挙によってつくられる。

（四）党内に派閥・分派はつくらない。

（五）意見がちがうことによって、組織的な排除をおこなってはならない」

第一回では、日本共産党が、日本の社会変革を目標とし、その実現のために「不屈の先進的な役割をはたす」ことをみずからの責務として自覚しているという性格をもつ政党であることを学びました。こういう性格をもつ日本共産党が、党内の民主主義を何より大切にし、国民の利益を守り、国の進路に責任をはたせるよう、すべての党組織、党員が統一した力を発揮するためのルールが民主集中制の組織原則です。規約の全体に民主集中制の組織原則がつらぬかれていますが、ここでは、その核心をわかりやすく五つの柱にまとめた第三条について学びます。

第三条は冒頭に、「党は、党員の自発的な意思によって結ばれた自由な結社であり、民主集中制を組織の原則とする」と規定しています。これは、民主集中制の組織原則が、「綱領と規約を認め」て自発的に入党した党員によってつくられた日本共産党の内部の組織、運営の原則、党員一人ひとりが自覚的に活動していくための指針ということです。

一部に、中国などをひきあいにだして、日本共産党が政権につくと、この組織原則で国民を支配するなどという荒唐無稽な攻撃をする人がいますが、党綱領の実現をめざす党員によって構成される日本共産党と、多様な価値観、思想、信条、信仰をもつ人たちからつくられる社会とでは、成り立ちの根本がちがいます。こういう攻撃にたいしては、日本共産党が過去、現在、将来にわたる民主主義の徹底した擁護者であるとともに、民主集中制の組織原則が、あくまでも党内の規律、運営の原則であり、後述するように、日本の他のどの政党とくらべても、もっとも民主的で、国民に責任をはたす政党のあり方であることを堂々と明らかにしていくことが大切です。

（1）民主集中制の核心を示す五つの柱

第三条は続いて、民主集中制の組織原則の核心を（一）から（五）まで、五つの柱でわかりやすくまとめて規定しています。まず、五つの柱の内容について学びましょう。

（一）と（二）は、民主集中制の組織原則のもっとも基本となる規定で、党の意思（方針）をどのように決定するか、決定したことをどのように実践するかを明確に規定しています。

規約は、「（一）党の意思決定は、民主的な議論をつくし、最終的には多数決で決める」、「（二）決定されたことは、みんなでその実行にあたる。行動の統一は、国民にたいする公党としての責任である」と規定しています。一読してわかるように、政党の民主的運営と活動のあり方として、ごくあたりまえの内容です。

〝民主的な議論をつくす〟と〝みんなで実行〟は一体

〝民主的な議論をつくす〟ことと〝みんなで実行する〟ことは一体であり、民主集中制の五つの柱のなかでも、日々、その実践がもとめられる大切な規定です。民主集中制を日常の活動のあり方として身につけ、実践している支部は、生きいきと活動を発展させ、強く大きな党づくりが前進しています。なぜ、活動が発展するのか、支部活動の実際にそくして考えてみましょう。

元気に街頭宣伝する千葉県さつきが丘支部のみなさん
（2014年5月、千葉県花見川区）

支部は、党大会決定、ときどきの中央委員会総会決定を討議し、支部の活動方針である「政策と計画」に具体化して活動します。生きいきと活動を発展させている支部では、何より「民主的な議論をつく」すことを大切にしています。そのために、議論の場である支部会議を定期にひらき、三分間スピーチなどをとりいれ、なんでも語り合える（一人ひとりの思いや近況も、疑問や質問も率直にだしあえ、そのことで気まずくならない）場にするために日ごろから努力しています。そういう努力があるから、六カ月に一回の支部総会にみんなが参加し、活発に意見を述べあい、「政策と計画」を豊かに具体化することができ、その実践も一人ひとりが自覚的に、得手、条件を生かして、みんなでとりくんでいます。

このように民主集中制の組織原則を支部の日常活動のあり方とするには、粘り強い努力が必要です。仕事や子育て、介護などだれもが多忙で苦労の多い生活を送っているだけに、たがいに努力しあってこそ、支部会議を定例化できます。また、綱領と規約で団結している党員同士であっても、党歴、活動と社会生活の経験は多様で、かかえる悩みもそれぞれあり、一人ひとりがマスメディアをはじめさまざまな情報に接して生活していますから、ときどきの情勢の見方でも、党活動の課題でも、多様な意見をもっているものです。それだけに、一方通行の会議でなく、たがいの意見を尊重する民主的な議論をつくすことによって、党員みんなが党の方針をよく理解し、豊かに具体化し、自覚的に活動に参加できる――「決定されたことは、みんなでその実行にあたる」支部になれるのです。

一人ひとりの党員は、民主的な議論があるから、決めたことを自覚的に実行できるのであり、また、〝みんなで実行する〟とは、党員に画一的に同じことをもとめるのでなく、一人ひとりが自覚的に、それぞれの得手、条件を生かすことによって、みんなの力を発揮するということです。

少数意見は保留し、決定をみんなで実行する

同時に、第三条の（一）、（二）できちんと理解する必要があるのは、「最終的には多数決で決める」、「決定されたことは、みんなでその実行にあたる」という規定です。これは、党が意思決定をするために民主的に討議をつくしても、少数意見が残ることがありうること、その場合、少数意見をもつ党員は自分の意見を保留し、党は少数意見の党員を排除しないで（意見の違いを理由に仲間はずれにしない）、決定をみんなで実行するということです。

なぜ、このことが大切なのでしょうか。日本共産党は綱領と規約で団結した政党であり、さまざまな問題での意見のちがいの多くは、民主的な議論をつくせば一致しうることですが、少数意見が残された場合も、みんなで実行することによって、決めたことが正しかったのかどうかを検証していくこ

とができるからです。同時に、日本共産党の政策、活動は、その一つひとつが国民のくらしやいのち、日本の進路にかかわるものですから、意見がちがうからと、党員や党組織が、みんなで決めたことと ちがうことを主張したり、反する行動をとれば、国民にたいして責任をはたせなくなるので、行動の統一を何より大切にしているのです。

規約は、この問題を、さらに具体的に規定しています。第五条（五）は、党員の権利と義務の一つとして、「党の諸決定を自覚的に実行する。決定に同意できない場合は、自分の意見を保留することができる。その場合も、その決定を実行する。党の決定に反する意見を、勝手に発表することはしない」と規定しています。第十六条では、組織と運営のあり方の一つとして、「党組織には、上級の党機関の決定を実行する責任がある。その決定が実情にあわないと認めた場合には、上級の機関にたいして、決定の変更をもとめることができる。上級の機関がさらにその決定の実行をもとめたときには、意見を保留して、その実行にあたる」と規定しています。

すべての指導機関は選挙でつくる。派閥・分派はつくらない

第三条の（三）は、「すべての指導機関は、選挙によってつくられる」と規定しています。規約が、選挙によって選出することを具体的に規定しているのは、次のとおりです。党大会は中央委員会を選出し、中央委員会は、幹部会委員と幹部会委員長、副委員長若干名、書記局長を選出し（中央委員会議長も選出できる）、幹部会は常任幹部会を選出します。都道府県党会議、地区党会議はそれぞ

れ、都道府県委員会、地区委員会を選出し、都道府県委員会、地区委員会は、委員長と常任委員会を選出します（必要な場合、都道府県委員会は、副委員長、書記長を、地区委員会は、副委員長をおくことができます）。支部は支部総会をひらき、支部委員会または支部長を選出します（状況に応じて副支部長をおくことができます）。

規約第十八条は、自治体・行政区や職場、学園にいくつかの支部がある場合にもうけることができる補助指導機関についても、「対応する諸地区委員会および諸支部からの選出による」と規定しています。政令市など大きな規模の自治体にいくつかの地区委員会が活動している場合、都道府県委員会が関係する地区委員会の代表者会議をひらいて補助指導機関を選出します。同様に、一つの自治体・行政区や職場、学園にいくつかの支部がある場合、補助指導機関は、地区委員会が関係する支部の代表者会議をひらいて選出します。

第三条の（四）、（五）は、党内に派閥・分派（党の決定、組織原則に反して行動する党員のグループ、集団）をつくってはならず、意見がちがうことを理由に組織的な排除をおこなってはならないということです。このことが日本共産党自身の歴史的教訓であるとともに、日本の政党のなかで誇るべき特質であることは後で述べます。

このように、民主集中制の五つの柱の内容は、綱領実現という共通の目標で一致し、民主的運営をつらぬき、国民に責任をもって統一して行動する、民主的な政党として、当然の大切な原則を示しています。

改定前の規約（旧規約）には、この五つの柱についての規定はありましたが、まとまって示されてはおらず、それぞれにかかわる長い解説もあり、〝民主集中制とはこういう内容〟と端的につかめるようにはなっていませんでした。

また、旧規約には、不正確な規定がありました。二〇〇〇年九月の第七回中央委員会総会での党規約改定案についての報告は、その一つとして、旧規約第十四条「党の決定は、無条件に実行しなくてはならない。個人は組織に、少数は多数に、下級は上級に、全国の党組織は、党大会と中央委員会にしたがわなくてはならない」をあげています。報告は、この規定が、党活動のあり方として、上から下への一方通行であるかのような表現になっており、現実に規約で規定されているあり方ではなく、「中央委員会が決めたことであっても、現地の実情にあわなければ、これについて意見をのべ、実情にあった決定をもとめる権利が、すべての組織に保障されています」、「上からの一方通行ではなく、いわば循環型の関係で党活動が発展するというのが、規約が実際にとりきめているあり方」と述べています。

（２）民主集中制は党自身の歴史的教訓

二〇〇〇年の第二十二回党大会での党規約改定案についての報告は、民主集中制の意義づけで大事なことが二つあると述べています。

一つは、「党自身の歴史的な経験と教訓で裏づけられ、これが党の統一と発展にとってかけがえのないものであることが証明されたもの」ということです。この内容は、二〇〇〇年九月の第七回中央委員会総会での党規約改定案についての報告で「戦後の歴史的経験と民主集中制」として、三回の歴史的経験が具体的に述べられています。

「五〇年問題」の痛苦の体験を経て

最初の経験は、「五〇年問題」です（「五〇年問題」そのものについては次㌻をお読みください）。当時のソ連、中国が日本共産党を支配下におき、日本に武装闘争をもちこむためにしかけた干渉作戦にたいし、これにつきしたがった徳田・野坂らが分派をつくり、正規の会議をひらかず、意見の異なる人たちをことごとく排除し、党は分裂させられました。その影響は甚大で、一九四九年に三十五人だった日本共産党の衆議院議員は、五二年十月の総選挙でゼロになるなど、国民の支持を失い、党員も四九年当時の数分の一に激減しました。党は、この経験から、日本の党と運動の問題は日本共産党がその責任で決定し、どんな大国の干渉も許さないという自主独立の立場を確立しました。同時に、いついかなるときも、どんな立場にある党員も規約を守り、民主集中制の組織原則を守ることの重要性、分派をつくり、意見のちがう人を組織的に排除するなど、民主集中制の組織原則の乱暴な破壊を二度とくりかえさず、党の統一と団結を守りぬくことの大切さを深く学びとりました。

■「五〇年問題」とは

当時、ソ連の「指導者」だったスターリンが中国の毛沢東らと組んで、中国方式の武装闘争を日本共産党に押しつけようと企てた干渉作戦のことです。一九五〇年、当時の徳田球一書記長らがこの作戦に組み込まれ、党内に分派をつくり、党を分裂させました。徳田書記長、野坂参三政治局員らの分派は、スターリンの指導のもと、中国・北京に拠点をつくり、冒険主義の方針を日本国内に持ち込み、日本共産党に大変な苦難と困難をもたらしました。党の分裂と武装闘争に反対した党幹部や党組織が大きな役割をはたし、粘り強い努力をへて党は統一を回復し、一九五八年の第七回党大会で痛苦の教訓を明らかにして、当時のソ連や中国の毛沢東派など、どんな大国であっても、そのいいなりにはならない自主独立の立場を確立し、一九六一年の第八回党大会で綱領を決定しました。

「五〇年問題」は、問題がおこってから四十年以上たった一九九〇年代前半に、当時のソ連が崩壊し、ソ連の秘密文書が公開されるようになり、さまざまな隠された事実が明るみにでて、その全体像を明らかにすることができました。

綱領討議と安保反対の国民的闘争から

二回目は、一九五八年の第七回党大会から一九六一年の第八回党大会までの、党綱領確定にいたる討議の経験です。当時、綱領の内容をめぐり大きな意見のちがいがあり、現在の綱領が示す、発達した資本主義国である日本で、アメリカへの従属、独占資本（大企業）の支配を打ち破る資本主義の枠内での民主主義革命をめざすという方針にたいし、一部の人たちは、日本のような発達した資本主義国では社会主義革命をめざすべきだと主張していました。第七回党大会では、党員の多数が現在の綱領の路線を支持していましたが、党内に大きな意見の違いがあることから、採決をせず、結論は次の党大会にもちこすことにしました。

第八回党大会までの間、党は、綱領討議をすすめながら、安保改定反対の国民的闘争、炭鉱の「合理化」に反対する三井三池の大闘争などに全力でとりくみました。これらは、対米従属を打破し、独占資本の支配・抑圧に反対するたたかいが戦略的な課題であり、民主主義革命の課題であることを、事実をもって示しました。また、この時期、党は、たたかいのなかで、「党勢倍加運動」にとりくみ、大変な努力によって、全国的に倍加を実現し、第八回党大会を迎えました。こうした実践をとおして綱領の正しさについての認識は党全体のものとなり、社会主義革命をとなえる人たちはごく少数になりました。この人たちは、「最終的には多数決で決める」ということを受け入れず、党を攻撃する分派活動をおこなって除名され、第八回党大会で綱領が採択されました。

綱領確定までの過程は、「党の意思決定は、民主的な議論をつくし、最終的には多数決で決める」こと、実践をとおして認識の一致をつくりあげていくことの大切さを典型的に示すものでした。

一九六〇年代――ソ連、中国・毛沢東派の干渉を打ち破って

三回目の経験は、一九六〇年代に、ソ連、中国の毛沢東派がそれぞれ、日本共産党のなかに自分たちの意のままになる分派をつくり、この分派をあやつって日本共産党の転覆をくわだてた干渉を打ち破ったたたかいです。日本共産党は、どんな大国のいいなりにもならないし、党内に分派を認めないという立場でたたかいぬき、この干渉を打ち破りました。

このように、民主集中制の組織原則は、日本共産党が日本の社会変革の事業に責任をもつ立場から、党の存立をかけたきびしいたたかいの歴史的経験に裏付けられ、教訓として学んできた大切なものです。

三回の歴史的経験は、半世紀以上もさかのぼる一九五〇年代から六〇年代にかけてのことですから、当時の体験がない党員のみなさんが多数をしめています。「なぜこういう組織原則をもって活動するのか」という質問もよく寄せられますので、『日本共産党の八十年』、『日本共産党史を語る』（上・下、不破哲三著）などから、党の歴史、この時期の歴史的経験と教訓を学びましょう。

（３）国民への責任をはたす、もっとも民主的な政党のあり方

民主集中制の意義づけの二つ目は、「民主集中制の内容は国民に責任をおう近代的な統一政党として当然の原則といってよいもの」（第二十二回党大会の規約改定案についての報告）ということです。同報告は、「この点をしっかりつかむには、日本の諸政党との比較論もたいへん大事」と述べ、各政党が党大会をどのようにひらいているかを紹介しています。

日本共産党は、党大会を民主主義のうえでも、全党的な統一のうえでもカナメをなすものと位置づけ、実際、それにふさわしく運営しています。

二〇一四年一月十五日から十八日まで第二十六回党大会がひらかれました。党大会決議案は、第九回中央委員会総会（二〇一三年十一月十二、十三日）で採択、発表され、それから大会を開くまで、二カ月間にわたる全党的な討論をおこないました。すべての党員に決議案を届けるために

第26回党大会での討論のようす。3日間で65人が発言し、決議案と中央委員会報告が豊かに深められました（2014年1月、静岡県熱海市）

努力をつくし、支部は、支部総会をひらき、すべての党員が参加できるよう全員に案内し、送迎もおこない、みんなの意見をだしあって決議案を練りあげていきました。地区党会議、都道府県党会議でも、決議案の討議を重ねました。決議案討議の過程では、少数の意見も大切にし、討議を深めるために、特別の冊子も発行しています。こうしてひらかれた党大会にたいする中央委員会の報告は、二カ月間の全党討論でだされた意見や疑問にもていねいにこたえ、大会中も討論をつくして、決議案が練りあげられ、決定されました。党員一人ひとりまで〝民主的な討論をつくす〟ために、このようにていねいに努力していることは、政党の運営のあり方として、とても大切なことです。

他の政党はどうでしょうか。自民党は、二〇一四年一月十九日に第八十一回大会をひらいています。「党大会プログラム」によれば、幹事長の党務報告、総裁と幹事長の演説がありますが、それについての討議そのものがありません。民主党も、二月八日、九日に二〇一四年度定期大会をひらいています。「開催要項」によれば、大会本会議は、わずか二時間半の間に、「二〇一四年度活動方針案」をはじめ四つの議案が提案、採択されています。両党とも、党名に「民主」を冠していますが、大会の方針案を、事前に党員や地方組織が討議することはなく、党大会の運営もこのようなものですから、看板に偽りありではないでしょうか。

この数年、生まれては消えていく「政党」もふくめ、他の政党は、党大会だけでなく、日常の組織と活動のあり方も、党内に派閥、グループがあり、政党としての公約が軽くあつかわれたり、個人商店のように党代表の意向にふりまわされたり、主権者である国民のなかで活動する草の根の組織がない国会議員中心の浮草のような政党もあります。

模索する国民の目は、政党のあり方にも

「自共対決」時代の本格的な始まりという歴史的な時期を迎え、安倍政権の暴走から国民のいのちとくらし、平和と未来を守りぬける政党はどの党か、国民の模索がこれまで以上に大規模に広がっています。国民は、各党の政策、主張とともに、政党のあり方にもきびしい目を注いでいます。

こういう時代に、日本共産党が、路線、政策とともに、政党の組織のあり方としても、草の根で活動する一つひとつの支部にいたるまで、民主集中制の組織原則にもとづき、党内に民主主義が豊かに息づき、国民に責任をもつ統一した力を発揮することは、自民党政治と対決し、国民と広く深く結びつき、信頼を得て、共同して日本の政治を変えていくうえで、ますます重要な意義をもっています。

（4）「二大目標」の実現へ、民主集中制の力を発揮して

第二回の最後に、党大会がよびかけた強く大きな党づくりの「二大目標」――二〇一〇年代に党勢の倍加と党の世代的継承をやりとげていくために、民主集中制の組織原則がもつ力を発揮することの大切さを強調したいと思います。

すべての支部が新しい党員を迎えるために力をつくし、党員拡大、党勢拡大を安定的な前進の軌道

入党を決意した女性（左端）**と握手する山下芳生書記局長**（右から２人目）**ら**（2014年５月、大阪府東大阪市）

にのせる――党勢を倍加し、党の世代的継承をすすめることができる支部へと成長・発展していくことは、党躍進の時代をつくりだしていく最重要の課題です。

強く大きな党づくりのとりくみは、党自身の意識的で系統的な努力、支部の自覚的な活動がとくに求められます。そのいちばんのカギは、一つひとつの支部が、民主集中制の力をいかんなく発揮して、自覚的で活気あふれる支部になることにあります。具体的には、「二大目標」を提起した第二十六回党大会決定をしっかり討議し、なぜ強く大きな党をつくるのか、そのためにどんな活動にとりくむのかについて、「民主的な議論をつくし」（腹をわって、得心がいくまで話し合い）、支部自身の自覚的な目標と計画を「政策と計画」に具体化し、党員一人ひとりの結びつきを生かし、信頼を深めながら、「みんなで実行」していくことです。

すべての支部が、民主集中制を建前ではなく、支部の日常活動のあり方として身につけ、実践する努力を強め、「支部が主役」の自覚的活動を強め、党勢拡大・党づくりを「安定的な前進の軌道」にのせていく道をひらくことをよびかけます。

（和田一男・組織局）

第三回　私たち、日本共産党員

今回は、規約「第二章　党員」について学びます。規約第二章は、党員になるための資質と資格、党員としての活動、権利と義務、離党と除籍などについて、規定しています。党員のみなさんは、みずからの活動について書かれている章として、支部と機関は、党員一人ひとりを大切にする党活動をつくる指針となる大切な章として学びましょう。

（1）日本共産党に入党するには

「第四条　十八歳以上の日本国民で、党の綱領と規約を認める人は党員となることができる。党員は、党の組織にくわわって活動し、規定の党費を納める」

第四条は、日本共産党に入党し、党員であるための資格要件を簡潔に規定しています。入党にあたり、第四条がふまえられているかどうかは、党員一人ひとりにとっては日本共産党員としての自覚をもって活動し、成長していく出発点であり、支部にとっては、日本共産党らしい支部として発展していく根幹にかかわる問題です。そのポイントを学びましょう。

ここで、「日本国民」（日本国籍を有する人）としているのは、「日本の変革の事業は日本国民の事業だという問題、それからまた各国の運動はたがいに他国の内政には介入しないという問題」（第二十二回党大会での規約改定案の討論についての結語）ということからです。日本国籍をもたない人は入党することができません。

綱領と規約を認める

「綱領と規約を認める」ことは、もっとも大切な資格要件です。入党申込書に、「日本共産党の綱領と規約を認めて入党を申し込みます」と明記されているのはそのためです。日本共産党は、綱領と規約で団結することを何よりも大切にして活動している政党であり、入党を希望する人が綱領と規約を認めて党に加わることは、日本共産党が日本共産党であるための根本条件といっても過言ではありません。

入党を申し込むときに、「綱領と規約を認める」というのは、どういうことでしょうか。綱領と規約を全面的に理解してから入党するということではありません。それは、入党後の新入党員教育や支部の学習などで学んでいくことになります。入党にあたっては、支部が、綱領と規約の大事な点をきちんと説明して、入党を希望する人の、「綱領と規約を認める」意思を確認することが大切です。

入党の働きかけでは、かならず、綱領と規約を掲載しているパンフレット『新しい日本をともにつくりましょう　あなたの入党を心からよびかけます』を渡し、読んでもらうか、大事な点を説明するようにしましょう。入党の「よびかけ」やＤＶＤを活用し、「綱領を語り、日本の前途を語り合う集い」や演説会などに参加してもらい、入党について話し合いますが、これらは、綱領と規約について理解を深める大切な機会です。

党の組織にくわわって活動し、規定の党費を納める

もう一つの資格条件は、「党の組織にくわわって活動し、規定の党費を納める」ことです。「党の組織にくわわって活動」するとは、どういうことでしょうか。党員は、入党すると、党の基礎組織（「基礎組織」については第四回で学びます）である支部の一員になり、活動に参加します。党員の活動には多様な内容がありますが、党規約をふまえて、党員ならだれもが自覚的にとりくむべき最小限の活動として、①支部会議に参加する、②党費を納める、③「しんぶん赤旗」日刊紙を読む、という三つがあり、これを「党生活確立の三原則」として重視しています。同時に、学習は、日本共産党員として誇りと自覚をもって活動し、成長していく根本の力であり、党員も、支部、機関も、たえず党活動の中心にすえて努力すべき活動です。入党にあたっては、「三原則」と根本の力である学習を、すべての党員がもれなくとりくむ「四つの大切」として説明し、納得してもらいましょう。

「規定の党費を納める」ことが資格要件であるのは、国民に責任をおう日本共産党の活動が、党員一人ひとりが納める党費によって、物質的、財政的に支えられているからであり、毎月納めることが、党員としての自覚の証しとなるからです。

したがって、党費は、ほんらい、すべての党員が納めてあたりまえです。しかし、情勢が大きく動いたり、仕事や生活、活動でつまずいたりすると、党員としての自覚がゆらぎ、党費を納めなくなることがあります。支部は、すべての党員が毎月納める活動を定着させながら、納めない党員が生まれたときは、何かがおこっているシグナルとしてとらえ、事情をよく聞き、励まし合い、全員が自覚的に納める支部をめざしましょう。

■党費は実収入の一パーセント

規約第四十六条は、党費の額を「実収入の一パーセント」と規定しています。給与所得者の党費は、給与、諸手当のほか、一時金、退職金などの臨時収入も含め、その月の総収入から、所得税、住民税を差し引いた額の一パーセントです。年金などの定期的な収入があれば、給与所得者に準じます。自営業者、農民や専業主婦、学生などは、本人の収入や生活状況などをふまえて、支部でよく話し合い、納得と自発性を重んじて党費額を決めます。民青同盟員である党員は、「実収入の一パーセント」から、民青同盟費（月五五〇円）を差し引きます。

また、第四十六条は、「失業している党員、高齢または病気によって扶養をうけている党員など生活の困窮している党員の党費は、軽減し、または免除することができる」として、党員の実情と意思におうじて運用できるように規定しています。

規約にもとづく入党は、「支部が主役」で

以上のように、規約にもとづいて入党することは、党員として活動に参加し、成長していく出発点です。

党員を増やす活動は、支部と党員の結びつきを生かし、「支部が主役」でとりくむことが何より大切です。支部で党員を増やす意義をよく話し合い、「政策と計画」に目標と計画を具体化し、党に迎えたい対象者をだしあい、支部自身が働きかけ、迎えていくということです。機関と議員は、支部のない空白の地域、職場などに党をつくるときは別として、支部とともにとりくみ、支部の活動を援助、激励します。

生活が困窮したり、失業して、生活相談や労働相談にきた人の場合、相談をうけた機関や議員が、支部から離れて入党をすすめるのではなく、「支部が主役」で、支部とともに働きかけましょう。生活相談、労働相談にきた人や、インターネットなどで党を知り、みずから入党したいと連絡してくる人で、党と結びつきがなく、経歴などがわからない人には、すぐに入党をすすめることはせず、ま

ず、「しんぶん赤旗」を購読し、党後援会に入会してもらい、たがいによく知り合うことからはじめましょう。

規約第六条は、入党の手続きについて、「入党を希望する人は、党員二名の推薦をうけ、入党費をそえて申し込む」、「入党は、支部で個別に審議したうえで決定し、地区委員会の承認をうける」と規定しています。これは、入党を希望する人が党員としてふさわしいかどうかを規約にもとづいて判断するためです。推薦する二人の党員は、入党の決意、経歴、生活態度、党との協力関係など、党員にふさわしい人であることを、支部に説明する責任があり、入党後は、よき相談相手となって、成長と活動への参加を援助します。

「市田さんと語り合うつどい」で日本共産党への入党をよびかける市田忠義副委員長（2014 年 7 月、鳥取市）

規約第六条は、「いちじるしく反社会的で、党への信頼をそこなう人は入党させることができない」と規定しています。「いちじるしく反社会的で、党への信頼をそこなう人」とは、社会から批判されるような生活態度や言動があり、入党し、党員として活動すれば、党自身が批判され、信頼を失うことになると判断される人です。

また、第七条は、「他の政党の党員は、同時に日本共産党員であることができない。他党の党員であった経歴をもつ人を入党させる場合には、都道府県委員会または中央委員会の承認をうける」と規定しています。第六条、第七条にかかわる問題は、支部だけで判断するのでなく、かならず地区委員会（都道府県委員会）に相談しましょう。

新入党員教育を党活動の出発点に

「第八条　党組織は、新入党者にたいし、その成長を願う立場から、綱領、規約など、日本共産党の一員として活動するうえで必要な基礎知識を身につけるための教育を、最優先でおこなう」

第二十六回党大会後、新入党員教育は、新しい「新入党員教育実施要項」（二〇一四年三月二十五日）にもとづいて、綱領そのものを章ごと、または節ごとに読み上げて、疑問にこたえ、規約は中心点を説明して理解を深めることになりました（「実施要項」は『月刊学習』二〇一四年五月号に収録されています）。全国で、この方針にもとづく新入党員教育がはじまり、党員としての一歩をふみだす力になっています。

新入党員教育は、新入党員が最初に学ぶ場であり、生涯、活動していく礎《いしずえ》になります。受講する新入党員は、世代も、職業、社会経験も多様ですから、綱領、規約の基本点をよく理解してもらうことをなによりも重視し、ていねいに学んでいきましょう。綱領と規約は、日本共産党員として、くりかえし学び、たえず立ち戻って活動の指針にすべきものです。新入党員に綱領と規約の基本点を理解してもらうことは、支部がとりくむもっとも大切な教育活動の一つであり、支部自身が日ごろからよく学び、あたりまえのこととしてとりくめるようになりましょう。

(2) 党員の権利と義務——党員としての大切な活動は

「第五条　党員の権利と義務は、つぎのとおりである。

(一) 市民道徳と社会的道義をまもり、社会にたいする責任をはたす。

(二) 党の統一と団結に努力し、党に敵対する行為はおこなわない。

(三) 党内で選挙し、選挙される権利がある。

(四) 党の会議で、党の政策、方針について討論し、提案することができる。

(五) 党の諸決定を自覚的に実行する。決定に同意できない場合は、自分の意見を保留することができる。その場合も、その決定を実行する。党の決定に反する意見を、勝手に発表することはしない。

(六) 党の会議で、党のいかなる組織や個人にたいしても批判することができる。また、中央委員会にいたるどの機関にたいしても、質問し、意見をのべ、回答をもとめることができる。

(七) 党大会、中央委員会の決定をすみやかに読了し、党の綱領路線と科学的社会主義の理論の学習につとめる。

(八) 党の内部問題は、党内で解決する。

(九) 党歴や部署のいかんにかかわらず、党の規約をまもる。

（十）　自分にたいして処分の決定がなされる場合には、その会議に出席し、意見をのべることができる」

規約第五条は、党員の権利と義務を十項目にわたり規定しています。党員の活動は多様ですが、この十項目は、すべての党員がとりくむ活動、保障されている権利、まもるべきルールを示しています。

市民道徳と社会的道義をまもり、社会にたいする責任をはたす

第五条は最初に、「市民道徳と社会的道義をまもり、社会にたいする責任をはたす」と規定しています。これは、日本共産党が日本社会、国民との関係を何よりも重視しているということであり、党員がまわりの人たちと溶け込み、信頼をえていくために、どんな生活態度、姿勢で活動するのか、党員の生き方にもかかわる大事な規定です。

党規約改定案の報告（第二十一回党大会第七回中央委員会総会）は、市民道徳と社会的道義の問題をかかげたことについて、「日本共産党がこの面でも国民と社会の信頼をかちとる役割をはたすという積極条項としてとらえてほしいと思います。日本の社会の現状は、この面でも、党が社会改革の先頭にたつことをつよく求めているからであります」と述べています。同報告は、「市民道徳」の内容はとくに規定していないが、第二十一回党大会決議が子どもの教育の問題と関連して提起した市民道徳の内容は、「党活動、党生活の基盤としても大切な意義をもつ」と紹介しています（次ジペー参照）。

日本社会の現状をみると、人間をおとしめる風潮、社会の歪みは深刻であり、「いじめ」や性的な

退廃、職場でのパワハラ、セクハラ、人間の使い捨て、社会的弱者へのバッシングや在日外国人差別などが社会的問題になっています。それだけに、日本共産党員は、新しい社会の建設者として、人間をおとしめ、粗末にする風潮とたたかい、健全な市民道徳、人間を大切にする社会への改革のために力をつくすことが求められているのではないでしょうか。

「社会的道義をまもる」とは、私たちが社会生活のうえで、人間としてすじみちのとおった態度をとること、党がとりくむあらゆる活動、国民運動、労働運動、住民運動などで、国民の支持と共感をえられる道理と節度ある態度をとるということです。

第二十六回党大会報告は、「国民の党への理解や信頼は、党の路線、政策、理念への信頼とともに、身近に活動している党員の一人ひとりの生活や言動を通して寄せられます。党規約の精神にのっとり、市民道徳と社会的道義を大切にした党づくりに取り組むことは、国民の多数者を社会変革の事業に結集していくうえでも、各分野の国民運動の健全な発展のうえでも、欠くことのできない重要な仕事」と述べています。党員一人ひとりが日常生活でも党活動でも自覚的に努力し、支部でもよく話し合いましょう。

■日本共産党が提唱する市民道徳（第二十一回党大会決議、一九九七年九月）

――人間の生命、たがいの人格と権利を尊重し、みんなのことを考える。

——真実と正義を愛する心と、いっさいの暴力、うそやごまかしを許さない勇気をもつ。

——社会の生産をささえる勤労の重要な意義を身につけ、勤労する人を尊敬する。

——みんなの協力を大事にしながら、自分の責任は自分ではたす自立心を養う。

——親、きょうだいや友人、隣人へのあたたかい愛情を育てる。

——民主的市民（生活）に不可欠な公衆道徳を身につける。

——男女同権と両性の正しいモラルの基礎を理解する。

——次代をになう主権者としての自覚をたかめる。

——侵略戦争や暴力の賛美でなく、真の平和を愛好する。

——他国を敵視したり、他民族をべっ視するのではなく、真の愛国心と諸民族友好の精神をつちかう。

党の諸決定の自覚的実行と、決定の読了

第五条（五）「党の諸決定を自覚的に実行する」、（七）「党大会、中央委員会の決定をすみやかに読了し、党の綱領路線と科学的社会主義の理論の学習につとめる」は、第五条のなかでも党員としての実践的活動を規定しているものとして重要です。

「党の諸決定を自覚的に実行する」とは、一人ひとりの党員が、党の諸決定を学び、どんな活動に

支部の女性学習会（通称「女子会」）**で党大会決定の輪読をする梶山支部の女性党員**（2014 年 3 月、神奈川県横浜市鶴見区）

とりくめばよいかを理解し、自発的に活動するということです。これは決してむずかしいことではありません。支部会議で党の決定を討議し、支部としてどんな活動にとりくむか、一人ひとりは何をするのかをよく話し合い、みんなで決めたことをみんなで実行するということです。党員一人ひとりの要求や関心、できること、やりたいことは多彩であり、得手や特技もおおいに生かして、一人ひとりがもつ多彩な力が党活動に自覚的に発揮されれば、支部の活動を豊かに発展させることができます。

「党大会、中央委員会の決定をすみやかに読了し、党の綱領路線と科学的社会主義の理論の学習につとめる」ことは、党員として自覚的に活動する土台であり、根本の力です。

党大会、中央委員会の決定は、綱領にもとづき、その時々の情勢、党の役割、党活動の課題、方針を明らかにした全党の英知の結晶であり、決定を読み、理解してこそ、綱領の実現をめざして自覚的に活動することができます。決定が発表されたら、すみやかに読了するためにたがいに努力するとともに、支部での読了会、輪読会などに参加しましょう。

また、新入党員教育で綱領を学ぶことを出発点に、綱領に凝縮されている党の歴史、日本と世界の現状、民主的改革の展望と道すじ、資本主義の害悪をのりこえる未来社会の展望など、綱領路線の全体をより深くつかむ学習をすすめます。支部や地区委員会がひらく学習会に参加して学ぶとともに、一人ひとりがみずから独習に粘り強くとりくみましょう。

党員の権利、まもるべきルール

第二回では、民主集中制の組織原則について、日本共産党が党の民主的運営を大切にし、少数意見を尊重していることを学びました。第五条の党員の権利と義務では、さらに次のように具体的に規定しています。

党員の権利としては、「党内で選挙し、選挙される権利」、「党の会議で、党の政策、方針について討論し、提案することができる」、「党の会議で、党のいかなる組織や個人にたいしても批判することができる。また、中央委員会にいたるどの機関にたいしても、質問し、意見をのべ、回答をもとめることができる」などです。党内で党員が意見を述べることについて、このように具体的に保障している政党はほかにありません。

また、自覚的にまもるべきルールとして、「党の統一と団結に努力し、党に敵対する行為はおこなわない」、「党の決定に反する意見を、勝手に発表することはしない」、「党の内部問題は、党内で解決する」、「党歴や部署のいかんにかかわらず、党の規約をまもる」ことなどをもとめています。

このように、第五条は、党員一人ひとりを尊重し、大切にする立場から、党員の権利を具体的、全面的に規定しています。同時に、党活動を発展させる最大の保障である党の統一と団結のために、党員がまもるべきルールも明確にしており、この全体をよくつかんで、自覚的に実践していきましょう。

いま急速に広がっているSNS（ソーシャル・ネットワーキング・サービス）の活用は、党の政策や活動を広く知らせていくうえでとても大きな力になります。同時に、SNSで発信するあらゆる情報は、不特定多数に「カクサン」されるものですから、第五条の規定をふまえて、自覚的にとりくみましょう。

（3）人生の転機と転籍の大切さ

「第九条　転勤・転職・退職・転居などによって所属組織の変更が必要となる場合、党員と党組織はすみやかに転籍の手続きをおこなう」

党員が所属支部を変更するための手続きを「転籍」といいます。転職や転居をする場合、新しいところでの活動をただちに始めていくために、本人と支部・機関は、転籍の手続きをすみやかにおこないます。

転籍が必要になる就職、転勤、転職、退職や転居の時期は、生活、仕事、築いてきた人間関係など

山下芳生書記局長の記念講演を聞く兵庫県赤旗まつりの参加者（2014年7月、神戸市）

が大きく変わる人生の転機です。党活動でも、喜びと苦労をともにした支部の仲間と別れ、新しい支部での活動をはじめることになります。それだけに転籍は単なる実務ではなく、党員が、党活動を中断せず、党員としての人生をまっとうしていくうえで、とても重要な手続きです。

二〇一〇年九月の第二十五回党大会第二回中央委員会総会は、党員が退職しても職場支部に残っていることを重視し、「職場を退職されたみなさんが、〝職場を変え、日本を変えよう〟という入党の初心を、第二の人生で発揮されることを心からよびかけます」と、地域支部への転籍をよびかけました。それ以来、全国で努力され、転籍がすすみつつあります。職場支部のみなさんは、支部でよく話し合い、退職したら、転籍の手続きをきちんととりましょう。

また、労働者の多くが正規雇用で定年まで勤めていた時代とちがい、今日、正規労働者でも、出向、転籍（会社を変わる）や途中退社が少なくなく、非正規労働者は、短期間に就職、失業、転職、転居をくりかえし、先のみえない不安定な状態におかれています。こういう労働者党員が増えているいま、支部、機関は、日ごろから党員一人ひとりの仕事の状況を知り、活動への参加に心をくだき、転籍が必要になるときには、親身に相談にのり、党員として送りだせるようにしましょう。

（４）離党を生まない党づくり

規約第十条、十一条は、離党、除籍について規定しています。

第十条は、「党員は離党できる」とし、その手続きを規定するとともに、「一年以上党活動にくわわらず、かつ一年以上党費を納めない党員で、その後も党組織が努力をつくしたにもかかわらず、党員として活動する意思がない場合は、本人と協議したうえで、離党の手続きをとることができる。本人との協議は、党組織の努力にもかかわらず不可能な場合にかぎり、おこなわなくてもよい」と規定しています。

党員はみずからの意思で離党することができます。同時に、一度は、党員として生きていくことを決意し、入党した人たちであり、支部、機関は、離党は仕方がないこととするのでなく、事情をよく聞き、解決できる問題は解決して、党活動を続けられるよう、努力をつくすことが大切です。離党の理由には、党の側に正すべき問題があることが少なくないからです。

第二十六回党大会決議は、この間、実態のない党員を生みだした原因について、「十数年におよぶ『二大政党づくり』など日本共産党抑え込みという客観的条件の困難だけに解消できるものではない。それは、『支部を主役』にすべての党員が参加し成長する党づくりの弱点を示すもの」と述べ、その克服のための努力方向を具体的に提起しています。

同決議は、綱領と科学的社会主義の学習が、「一人ひとりの党員が、情勢への大局的確信と未来への展望を確固としてもって活動するうえで決定的に重要である」と強調しています。同時に、党の質的強化について、党員一人ひとりの初心・誇りを大切にし、おかれている条件・要求・得手を生かし、その困難や悩みによりそってともに解決する〝温かい党〟をつくること、その最大の保障として、「党生活確立の三原則（支部会議への参加、日刊紙の購読、党費の納入）」をすべての支部、党員のものにしていくこと、なかでも、支部指導部を確立し、週一回の支部会議を定着させ、「学び、交流し、楽しく、元気のでる」会議にする努力をはらうこと、会議に参加できない党員を大切にし、温かく心が通う連絡・連帯網をつくりあげることなどを提起しています。これらの活動をふりかえり、改善すべきは思い切って改善し、離党を生まない党づくりに努力しましょう。

第十一条は、「第四条に定める党員の資格を明白に失った党員、あるいはいちじるしく反社会的な行為によって、党への信頼をそこなった党員」を除籍する手続きを規定しています。

＊　　＊　　＊

ここで学んだように、規約にもとづき、すべての党員が自覚的に活動に参加すること、党員一人ひとりを大切にすることは、強く大きな党づくりの重要な課題です。三十万の党員がもつ多彩で豊かな力が発揮される党づくりをめざしましょう。

（近藤奈津子・組織局）

第四回　「支部が主役」の党活動

今回は、規約「第三章　組織と運営」、「第七章　支部」を中心に、「支部が主役」の党活動について学びます。

全国には二万の党支部があり、〝百の支部には百の顔がある〟といわれるように、それぞれの支部がおかれた条件、歴史と伝統のなかで、多彩な活動が繰り広げられています。

草の根で国民と直接結びついて活動し、党員が党生活をおくる基本的な場である支部の活動には、苦労や悩みとともに、喜びもロマンもあります。規約を生きた指針に、「支部が主役」の党活動を発展させましょう。

パンフレット『「支部が主役」　支部活動の手引き』（写真67ページ）は、党規約にもとづく「支部が主役」の活動のあり方をくわしく示しており、ぜひ学んでいただきたいと思います。

（1）支部は党の基礎組織

規約は、第四章以下の章で、中央、都道府県、地区、支部の各党組織について、それぞれをあつかっていますが、それに先立つ「第三章　組織と運営」は、党組織の全体にかかわる共通の問題を、まとめてのべているとても大切な章です。党組織全体の構成、指導機関の選出の方法、大会や党会議の成立要件、党が決定をおこなう際の基本的なあり方、決定に異論がある場合の対処の仕方、国際的・全国的な性質の問題と地方的な性質の問題の処理、組織の新設と補助指導機関の問題などについて規定しています。党の組織と運営のあり方、機関の任務と活動にかかわる大事な規定については第五回で学びます。

今回は、「支部が主役」の活動が、党規約のなかにきちんと位置づけられていることをみてみましょう。

規約は、第十二条で、「党は、職場、地域、学園につくられる支部を基礎とし、基本的には、支部——地区——都道府県——中央という形で組織される」、「第七章　支部」の第三十八条では、「支部は、党の基礎組織であり、それぞれの職場、地域、学園で党を代表して活動する」と規定し、支部の位置づけを、全党の構成のなかで明確にしています。

大事なことは、支部は、党の「基礎組織」であって〝下部組織〟ではないということです。中央委員会、都道府県委員会、地区委員会の〝下部組織〟が支部ということではありません。日本共産党は、国民が働き、生活し、学んでいる、職場、地域、学園で党を代表して国民各層と結びついている支部を基礎として組織され、なりたっているのです。

また、三十万人を超える党員は、支部に所属しています（機関役員、議員、グループ員は党機関や党議員団、各種の団体・組織の党グループに所属）。日本共産党員として生活し、活動し、その一員として自覚をもついちばん基本になる場所が支部です。

国民は、日本共産党について、国会での論戦、テレビでの政党討論会、政策の発表、全戸ビラや街頭演説などの宣伝、中央委員会や県、地区委員会、地方議員団のさまざまな政治活動を通じて、どんな政党かを判断します。それとともに、日常身近に接する支部と党員の活動、姿を見て「自分たちの願いをとりあげて献身的に活動している」、「あの人が党員だから信頼できる」ということで日本共産党を支持することが、多いのではないでしょうか。いろいろなきっかけからの日本共産党の政策や立場への共感も、支部や党員と日常的に接することで、いっそう確かで持続的な支持になっていきます。日本共産党が、二一人の衆議院議員、一一人の参議院議員、二六七八人の地方議員（二〇一五年一月十九日現在）を擁しているのも、全国の支部の草の根で国民と深く結びついた活動があってのことです。

『「支部が主役」支部活動の手引き』（2012年4月中央委員会発行、頒価100円）

このように、支部は、日本共産党が国民と結びつくうえでの基本となる組織であり、党員の大多数が所属し活動する基本の組織です。その両方の意味を込めて、規約は、「支部は、党の基礎組織」と規定しています。

他の政党は、日本共産党のように草の根で活動する自前の組織を持っていません。業界団体や企業、労組や宗教組織に党組織を代役させ、これらを基盤に選挙をやっているわけで、そこには政党としての自立性はありません。

日本共産党が「支部が主役」の活動を規約のうえでも明確にしているのは、草の根で国民と結びつき、国民とともに政治を変えていく――政党としての本来の姿を示すものです。

支部の組織の仕方について第三十八条は、「職場、地域、学園などに、三人以上の党員がいるところでは、支部をつくる」と定めています。党員が三人にみたないときは、付近の支部に所属するか、支部準備会をつくります。

(2) 支部の任務

「第四十条　支部の任務は、つぎのとおりである。

(一)　それぞれの職場、地域、学園で党を代表して活動する。

(二)　その職場、地域、学園で多数者の支持をえることを長期的な任務とし、その立場から、要求

にこたえる政策および党勢拡大の目標と計画をたて、自覚的な活動にとりくむ。

（三）　支部の会議を、原則として週一回定期的にひらく。党費を集める。党大会と中央委員会の決定をよく討議し、支部活動に具体化する。要求実現の活動、党勢拡大、機関紙活動に積極的にとりくむ。

（四）　党員が意欲をもって、党の綱領や歴史、科学的社会主義の理論の学習に励むよう、集団学習などにとりくむ。

（五）　支部員のあいだの連絡・連帯網を確立し、党員一人ひとりの活動状況に目をむけ、すべての支部員が条件と得手を生かして活動に参加するよう努力するとともに、支部員がたがいに緊密に結びつき、援助しあう人間的な関係の確立をめざす。

（六）　職場の支部に所属する党員は、居住地域でも活動する」

規約第四十条は、六つの項で「支部の任務」を具体的に明らかにしています。その一つひとつは決して難しいことではなく、〝読めばわかる〟ものです。それは、全国のすすんだ支部の経験にくりかえし学び、教訓を定式化してつくりあげたものだからです。この六項目を一つひとつ具体化して生かすならば、「支部が主役」の活動を豊かに発展させることができます。

ここでは、そのポイントを学びましょう。

みんなの力を合わせて前進を――新入党員歓迎会に集まった鶴ヶ島西支部のみなさん（2014年7月、埼玉県鶴ヶ島市）

職場、地域、学園で党を代表して

「党を代表して」とは、支部が、職場、地域、学園で、日本共産党の〝顔〟として、国民の苦難の軽減と綱領の実現をめざす活動に責任をもってとりくむということです。支部は、国政・地方政治の問題、職場、地域、学園の身近な要求をとりあげ、党綱領や政策にもとづいて、たたかいの方向を示し、まわりの人たちと力をあわせます。また、国民の苦しみの大もとにある財界・アメリカいいなりの政治を変えていくために、対話と共同を広げ、党員と「しんぶん赤旗」読者を増やし、国民の多数者を結集していくことをめざしています。

いま日本社会は、戦争か平和かという大きな歴史の岐路にあり、国民各層のいのちとくらしも大変な苦難に直面しています。暴走政治と対決する日本共産党が、安倍政権打倒の国民的大運動をよびかけていることに期待が広がっています。この情勢のもとで、多くの支部と党員が、宣伝や署名活動などに立ち上がり、強く大きな党をつくる＝「車の両輪」の活動にとりくんでいます。集団的自衛権行使容認への国民の怒りにこたえ、何十年ぶりに町で抗議デモなどにとりくむ地域支部も各地に生まれています。支部長が名刺をもって各種団体を訪問し、ＴＰＰ反対など要求にもとづく一点共闘の先頭にたっている地域支部もあります。国民と、日本共産党の主張、活動が響きあっている情勢のもとで、「党を代表して活動する」ことのおもしろさをつかんで活動をすすめましょう。

支部が活動する職場、地域、学園には、一つとして同じところはなく、要求もそれぞれです。どの丁目、集落にどれだけの住民が住んでいるのか、年齢構成はどうか、切実な要求はなにか、どんな住民の自発的な運動があるか、また、職場で労働者はどんな状態におかれているか――「党を代表して活動する」という目で、自分たちの職場、地域、学園をみてみると、いろんな特徴がみえてきます。

一つひとつの支部が、職場、地域、学園で「党を代表して活動」してこそ、国民の身近で信頼をえて、一歩一歩、共感と支持を広げて、綱領実現への道をひらいていくことができます。

多数者の支持をえる

規約は「その職場、地域、学園で多数者の支持をえることを長期的な任務」と規定し、支部が多数者革命ではたすべき役割について簡潔に位置づけています。綱領が示す民主主義革命の事業は、各界各層の人たちと日本共産党が力をあわせ、国民多数の支持をえることによって実現できます。「職場、地域、学園で多数者の支持をえること」は綱領の実現をめざす日本共産党の支部にとって根本的な任務です。

支部が、長期的な任務を自覚し、職場、地域、学園をどう変えていくのか、中期・短期の具体的な目標を明確にして、日常的に国民と結びつき、要求を実現していくための共同を広げ、たえず次の世代のなかに党をつくることに努力し、国民に広く深く根をはった党支部へと成長・発展する――全国の支部が、こういう展望をもって支部活動にとりくむようになることが、綱領を実現していくもっともたしかな道です。

そのために、規約は続けて「その立場から、要求にこたえる政策および党勢拡大の目標と計画をたて、自覚的な活動にとりくむ」とのべています。これは、「政策と計画」をもって「支部が主役」で自覚的に活動することを、支部の任務として規約の上でも明記したものです。

■「政策」とは、「計画」とは（第二十四回党大会にたいする中央委員会の報告から）

――「政策」をもつとは、それぞれが責任をおっている職場、地域、学園で、国民がどんな切実な要求をもっているかをつかみ、その要求の実現のためにどういう行動をおこすかを明らかにし、実際に行動をおこすことであります。

――「計画」をもつとは、それぞれの政治目標を実現するためにも、国民要求を実現するうえでも、どういう力をもった党が必要かを目的意識的に明らかにし、党を質的につよめ、党員と読者を増やすとりくみをすすめることであります。そのさい、支部に対応した単位後援会をつくること、後援会ニュースを広く発行して、つねに後援会員と相談し、その力をかりて活動を発展させることも大切となります。

第二十六回党大会は、自民党政権の反動的暴走と対決し、対案を示し、共同を広げて新しい日本をめざす政策と方針を明らかにしました。二〇一三年の参議院選挙で始まった〝第三の躍進〟を本格的な流れに発展させ、二〇一〇年代に「成長・発展目標」を達成し、「二一世紀の早い時期に民主連合政府を樹立する」ために、二〇一〇年代の党建設の「二大目標」――①五〇万の党員（有権者比０・５％）、五〇万の日刊紙読者（同）、二〇〇万の日曜版読者（２・０％）――全体として現在の党勢の倍加に挑戦する。②そのさい、党の世代的継承を、綱領実現の成否にかかわる戦略的課題にすえ、全党あげてとりくむ――を提起しました。「成長・発展目標」とは、綱領実現をめざし、中期的展望にたって、「国政選挙での政治的力関係を抜本的に変える」ための目標であり、その「基本は、国政選挙で、どの都道府県、どの自治体・行政区でも、『10％以上の得票率』を獲得できる党をめざす」（第二十五回党大会決議）ということです。

「成長・発展目標」、党建設の「二大目標」の具体化も「支部が主役」で――「多数者の支持をえることを長期的な任務」にする一つひとつの支部がこの二つの目標を具体化し、生きた自覚的な目標にしてこそ、実現していくことができます。

全国の支部は、これらをふまえ、「政策と計画」をそれぞれの支部なりに具体化し、実践に踏み出しています。最寄り駅のエレベーター設置や市営住宅の浴室改修などの要求実現にとりくみながら、団地の棟ごとに党員や読者、後援会員を増やす目標を決めてとりくんでいる支部、世代的継承のために数年前から「つながりましょカフェ」（次世代の集い）をひらくようになり、第二十六回党大会後は、ほぼ毎月開催し、支部と党員の結びつきから、参加者自身の結びつきに広がり、着実に入党者を迎えている支部もあります。ある民主的医療機関の党組織は、住民のための医療をになっていくには、職場の党の世代的継承が決定的だと話し合い、職員比二割の党をつくる「計画」をもち、この四年間、粘り強くとりくんで、これまで最多だった五〇代の党員数を三〇代が上回り、世代的継承の一歩をふみだしました。

「政策と計画」は、難しくせず、自分たちの支部の存在意義、どんな役割をはたすのかをよく話し合い、支部の実情にそくしてつくることが大切です。

二〇〇六年四月に開かれた、「職場問題学習・交流講座」では、ある職場支部が、①職場に入ったら元気よくあいさつすること、②会議を欠席するときは必ず連絡すること、③月一回、「しんぶん赤旗」の見本紙を活用することの三つを「政策と計画」として決め、実践してみたら半年間で党と労働者の関係がよくなり、読者が増え、支部の団結が深まったという経験が紹介されました。この経験は、多くの職場支部で「まずはあいさつから」と広がっています。

再建されたばかりのある学生支部は、「日刊紙を読んで学習する党員になる」、「毎月、党員を拡大する」の二項目を「政策と計画」として決め、高学費や奨学金問題など学生の要求をとりあげた活動にとりくみながら、機関の援助もうけて、二人、三人と党員を増やしています。

このように、「政策と計画」は、簡単なものから出発してもよいし、いったんつくったら終わりというものでもありません。みんなで話し合い、みんなで決めて、まず足を踏み出し、実践のなかで充実していきましょう。

選挙戦や党勢拡大運動をはじめ、あらゆる党活動は、支部が「政策と計画」をもち、「支部が主役」でとりくんでこそ、大きな力が発揮されます。どんなときにも、「支部が主役」の自覚的活動の土台となるのが「政策と計画」です。

支部の日常の活動を端的に示す

第四十条の（三）は支部の日常の活動を端的に示しています。最初に支部会議を「原則として週一回定期的にひらく」ことをあげていることに注目してください。一人ひとりの党員の、「政治を変えたい」、「そのために少しでも役立つ生き方をしたい」という入党の初心は、支部会議に参加してこそ生かすことができます。支部会議で、党員一人ひとりが、自分の思いや要求を語り合い、情勢や党の役割を学べるようになれば、自分は何をすればいいか、自覚的な力がわいてくるし、「参加すれば元気が出る」、「支部会議が待ち遠しい」となるでしょう。支部が毎週、支部会議を開くことは、党員みんなが意見をだしあい、みんなで方針を決め、決めたことをみんなで実践し、支部がもつ力を発揮するうえでも、党員一人ひとりの成長にとっても、もっとも大切な支部の活動です。

支部会議の次に「党費を集める」ことを規定しています。党費を納めることが党員としての資格要件であることは、第三回で学びました。すべての党員から党費を集めることは、一人ひとりの党員を大切にする支部づくりの重要な任務です。

（三）は続けて、「党大会と中央委員会の決定をよく討議し、支部活動に具体化する」ことを支部の任務としています。党大会と中央委員会の決定をよく討議することは、全国的情勢や党の役割、党活動の課題と方針をしっかりつかみ、さらに、その目で職場、地域、学園での支部の任務と活動の発展方向をより深くつかみ、具体化する力になります。

「要求実現の活動、党勢拡大、機関紙活動に積極的にとりくむ」という規定は、支部がとりくむ「車の両輪」の活動そのものです。

学習と温かい支部づくり

党支部の任務に、学習と、一人ひとりの党員の初心、誇りを大切にし、おかれている条件と得手を生かし、困難や悩みによりそう〝温かい党〟づくりが位置づけられていることも大事な点です。

第四十条の（四）は、党員が意欲をもって学習にとりくめるように集団学習をすすめること、学ぶ内容を簡潔に示しています。

いま、第二十六回党大会決定の三文献（決議、報告、結語）をすべての党員が読了する運動をすすめています。決議の第一章を読んだら、第一章についての志位委員長の報告を読むなど、それぞれの支部が工夫して読了会がすすめられ、読めていない党員一人ひとりを訪問して読了を援助する努力が重ねられています。綱領実現をめざす党づくりの槌音《つちおと》が聞こえてくるようです。

第二十六回党大会決定は、『綱領・古典の連続教室』の学習を、ＤＶＤの視聴による学習とともに、それぞれが全三巻の書籍になるもとで本格的に取り組み、全党的な学習運動に発展させることを、第二十六回党大会期の一大事業に位置づける」としています。二つのＤＶＤと書籍は、ともに深い内容をわかりやすく、楽しく説明した素晴らしいものです。学ぶよろこびが全党員につたわり、党員を拡大し、迎えた新入党員とともに成長できる支部づくりをすすめていきましょう。

「綱領教室」（第９回）**で講義する志位和夫委員長**
（2011 年 12 月、党本部）

（五）は、「支部員のあいだの連絡・連帯網を確立し、党員一人ひとりの活動状況に目をむけ、すべての支部員が条件と得手を生かして活動に参加するよう努力するとともに、支部員がたがいに緊密に結びつき、援助しあう人間的な関係の確立をめざす」ことを支部の任務としています、

「党員一人ひとりが条件と得手を生かして活動に参加し、温かい人間関係で結ばれた党」は、日本共

産党が党の質的建設の目標として、いっかんして努力していることです。全国で、連絡・連帯網をつくり、支部会議の欠席者に会議の様子を知らせる「ニュース」を届けるとか、党員一人ひとりを定期的に訪ね、仕事や暮らしぶりをよく知るようにするなど、温かい支部づくりへ努力が重ねられています。一人ひとりの党員を大切にする温かい党づくりは、「暴走政治を止めたい」、「命と暮らしを大事にする政治を」と願う人たちを広く迎え入れ、大きな支部へと前進していくうえでも重要です。

（六）は、「職場の支部に所属する党員は、居住地域でも活動する」と規定しています。党活動は、党員のつながりを生かすことが基本です。職場支部の党員も、生活の場である居住地域でのつながり、町内会やＰＴＡ、ボランティアや趣味、散歩仲間などの結びつきを生かして活動します。同時に、地域支部は、「しんぶん赤旗」の配達・集金、選挙戦での宣伝物配布や対話・支持拡大など、多岐にわたる任務を担っており、職場支部の党員も条件に応じて参加・協力するなど、党全体で支えていくことが求められています。

規約に学び、たえず新しい党員を迎え、迎えた党員とともにみんなで成長できる温かく大きな支部をつくりましょう。

（３）支部の運営と体制

「第三十九条　支部の最高機関は、支部の総会または党会議である。支部の総会または党会議は、すくなくとも六カ月に一回ひらく。
支部の総会または党会議は、つぎのことをおこなう。
（一）活動の総括をおこない、上級の機関の決定を具体化し、活動方針をきめる。
（二）支部委員会または支部長を選出する。
（三）地区党会議が開催されるときは、その代議員を選出する」

全党員参加で支部総会を

全国で「支部が主役」の活動をこつこつと着実に前進させている支部は、共通して支部総会を大切にし、規約どおり、六カ月に一回開く努力をしています。

規約が「支部の総会または党会議は、すくなくとも六カ月に一回ひらく」としているのは、党活動の歴史的な経験をふまえてのことです。支部は党の基礎組織として、職場、地域、学園に責任をもち、党大会と中央委員会、都道府県・地区党会議の決定を具体化し、ときどきの情勢、党がはたすべき役割をつかんで、要求運動と党づくり、国政、地方選挙などにとりくみます。例えば、選挙戦だけとっても、およそ年に一回は国政選挙、地方選挙がたたかわれます。支部は、これらの多面的な任務、活動を党員みんなの知恵と力をあわせて自覚的にとりくんでいくために、「六カ月に一回」は、すべての党員が集まる支部総会をひらき、経験を交流し、みんなの意見をだしあい、たえず活動方針を具体的にもってとりくもうということです。なお、この規定にある支部の「党会議」とは、党員数が多い支部などが班をもうけて活動している場合、全党員が参加する支部総会でなく、班で代議員を選出し、その代議員による「党会議」を支部の最高機関とすることができるということです。

支部総会では、党大会や中央委員会の決定をしっかり討議し、それぞれの支部なりに「どんな活動にとりくむか」、「どういう支部をつくるか」などを具体化し、「政策と計画」をつくり、充実させます。すべての党員が参加し、みんなで意見を出し合い、話し合うことが、みんなで実行していく出発点になります。そして支部の指導機関である支部委員会または支部長を選出します。

支部総会は全党員が参加して成功させることが大切です。支部総会の成立要件について、第十四条は「支部総会は党員総数の過半数」と規定しています。現在の規約を決定した第二十二回党大会は、旧規約にあった「一年以上党生活にくわわらず、かつ一年以上党費を納めない者は、党会議（総会）をひらくさい、その成立の基礎数となる党員数からのぞくことができる」という条項を削除しました。これは、党活動に参加しない党員が、支部総会の成立要件にかかわるほど多いということは、党にとっては本来あってはならないことであり、これを前提にした規定を規約に残すことは不適切と判断したからです。そのうえで、党大会は結語で「現実にそういう事態が生まれたときには、従来規定されていた通りの対応をすることを、いわば内規的な対応、あるいは規約の解釈として認める」ことを確認しました。

こうした措置を安易に適用することを厳に戒め、改定された規約の精神にたって、支部総会に全党員が参加するように全力をつくしましょう。やむをえず、この「規約の解釈」を適用する場合、その判断は、支部だけでおこなわず、地区委員会の承認をうけるようにしましょう。

支部委員会

第四十一条は、「支部総会（党会議）からつぎの支部総会（党会議）までの指導機関は、支部委員会である。支部委員会は支部長を選出する。ただし、党員数が少ない支部は、支部長を指導機関とする。どちらの場合にも状況に応じて副支部長をおくことができる」としています。

支部委員会は、支部総会から支部総会の間の支部の指導機関です。「三人よれば文殊《もんじゅ》の知恵」といいますが、支部委員会があってはじめて、支部は職場、地域、学園で日本共産党の基礎組織としての役割をはたし、支部員みんなが活動に参加し、成長する支部づくりをすすめることができます。支部長がなにもかもをになって苦労している支部がありますが、党規約どおりに、支部委員会を選出するか、少なくとも副支部長をおいて、集団の力が発揮されるようにしましょう。

第四十一条はそれにつづけて、「支部には、班をもうけることができる。班には、班長をおく」と規定しています。党員が多い支部、不規則勤務や職場が広域に分散している職場支部、広域で活動する地域支部、年金生活者や労働者、子育て世代をはじめさまざまな生活スタイルの党員で構成される地域支部などでは、すべての党員が活動に参加できるように、班をつくることができます。支部は、職場、地域、学園などにつくりますが、班は、町・丁目、職場の部・課、大学の学部ごと、などとともに、会議への参加など、活動しやすい条件におうじてつくることもできます。例えば、地域支部では、昼班、夜班や青年班、子育て班などをつくって活動しています。

「社会生活・社会活動の共通性」にもとづく支部

規約第三十八条は、「状況によっては、社会生活・社会活動の共通性にもとづいて支部をつくることができる」と規定しています。いま、この規定にもとづいてつくられているのは青年支部だけです。

青年支部は、一九九九年六月に開かれた第二十一回党大会第四回中央委員会総会で提起されました。それから十五年がたちます。全国には、行政区ごとに青年支部をつくったり、青年支部で成長した党員が議員、地区役員になったり、地域支部に着実に転籍をすすめている地区委員会があります。また、党員が一定の年齢に達していることから、地区内の複数の職場で働く党員で職場合同支部を結成し、それぞれが働く職場に党をつくる活動を発展させている地区委員会、青年支部の党員を地域支部に転籍し、青年支部を発展的に解消した地区委員会など多様です。「世代的継承」が全党的に重要な課題になっているもとで、青年支部の活動を強め、青年支部で育った党員が各分野のにない手となっていくことが求められています。

規約第三十八条は、冒頭に、「職場、地域、学園など」に支部をつくることが基本だと明記しています。職場支部、地域支部、学園支部とは別に、国民運動団体などに対応する支部はつくりません。

（４）党グループと議員団

規約第四十二条は、「各種の団体・組織で、常任役員の党員が三人以上いる場合には、党グループを組織し、責任者を選出することができる」と規定しています。「常任役員の党員」とは常勤者という意味ではなく、常任役員として選出され、その組織で日常的に活動、運営にあたっている党員という意味です。

また、規約第四十四条は「各級地方自治体の議会に選挙された党の議員は、適切な単位で必ず党議員団を構成する。すべての議員は、原則として議員団で日常の党生活をおこなう。党議員団は、対応する指導機関の指導のもとに活動する」と規定しています。

規約が「適切な単位で必ず党議員団を構成する」と強調しているのは、すべての地方議員が党を代表する議員にふさわしく政治討議と学習をつよめて活動水準を高め、市民道徳と社会的道義をまもり、支部と力をあわせて活動をすすめるためです。議員団を構成する「適切な単位」とは、一自治体に党議員が一人、二人という場合に、郡単位とか、「広域行政区」単位とか、できるだけ日常の議員活動で関連性のある単位で構成するということです。規約が「適切な単位」としているのは、日常の党生活と議員団活動をすすめていくうえで、どういう単位で構成するのが合理的かについて、それぞれの条件をよく検討して構成するためです。

＊　＊　＊

全国二万の党支部が、国民の苦難軽減と綱領実現をめざす日本共産党らしい支部へと成長・発展していくことは壮大な事業ですが、これを実現できれば、党は「第三の躍進」を本格的なものとし、二一世紀の早い時期に民主連合政府を樹立していく大きな主体的条件を獲得することができます。私たちには規約というしっかりした指針があります。大きな志をもって、規約を学び生かす支部づくりに踏み出しましょう。

（細野大海・組織局次長）

第五回　組織と運営、地区委員会の任務と活動

「講座　みんなで学ぶ党規約」は最終回になりました。今回は、規約第三章と第五章以下から、党の組織と運営のあり方、党機関の任務と活動について、とくに、地区組織、地区委員会の活動にそくして学びます。

綱領がしめす日本の社会変革の展望にたって、「二一世紀の早い時期に民主連合政府をつくる」という大事業をなしとげていくうえで、党機関は重要な役割をはたしています。地区委員会は全国に三一五あり、それぞれの地域で党を代表して活動し、約一万人の地区役員が二万の支部の活動を発展させるために、支部とともに、日々、奮闘しています。

党機関を党全体の力で支え、発展させていくために、支部のみなさんも、党機関の任務と活動について学びましょう。地区委員会のみなさんは、ここで学ぶ内容をふくめ、規約の全体から自分たちのはたすべき役割、活動のあり方を学び、たえず規約にたちかえって活動を発展させていきましょう。

（1）規約にもとづく組織と運営のあり方

規約第三章は、党機関にとっても、支部にとっても大切な、党の組織と運営の全体に共通する問題を規定しています。

民主的に決定し、実行に責任をもつ――〝双方向・循環型〟で

第十五条、第十六条は、党機関が決定をおこなうときの基本的なあり方と、上級の党機関の決定を実行する責任について規定しています。

「**第十五条　党機関が決定をおこなうときは、党組織と党員の意見をよくきき、その経験を集約、研究する。出された意見や提起されている問題、党員からの訴えなどは、すみやかに処理する。党員と党組織は、党の政策・方針について党内で討論し、意見を党機関に反映する**」

地区組織の場合、決定には、地区党会議、地区委員会総会、地区常任委員会などの決定がありま す。決定をおこなう際、規約は、党組織と党員の意見をよくきくことを重視し、支部や党員の活動の経験、教訓を集約、研究することを党機関にもとめています。

このことは、地区委員会が日常の活動をすすめるうえでとても大切なことです。例えば、地区委員会がひらく支部長会議で提起する報告、方針が、支部と党員の経験をリアルに反映したものであ

れば、自分たちの支部でもやってみようと、その経験・教訓が地区全体に広がる契機になります。また、地区委員会が発行するニュースなどで支部の経験を紹介する場合も、その経験を具体的につかみ、ほかの支部の活動のヒントになるのはどのような活動であり、何が教訓かなどをよく研究してこそ、力になります。一つひとつの支部を援助する場合も、他の支部で生まれている経験などを交流し、学びあって、支部を励ますことが大切です。

「研究」といっても難しいことではなく、日常的に支部に足を運び、党員の意見に耳を傾ける姿勢をもち、〝支部の経験交流会〟をひらくなど、徹底して〝支部の経験から学ぶ〟ことです。

「出された意見や提起されている問題、党員からの訴えなどは、すみやかに処理する」ことも大事です。地区委員会には、支部、党員から、日々、さまざまな意見、訴えが寄せられ、問題が投げかけられます。これらを大切にし、こたえていくには苦労がありますが、そこには支部と党員が直面している問題があり、正しく解決していけば、地区委員会と支部の活動を発展させるきっかけになることが少なくありません。実情を無視した対応をしたり、放置すれば、支部、党員の信頼を失うことになりかねないので、すぐに解決できない問題でも誠実に対応し、解決の方向をともに考えていきましょう。

「第十六条　党組織には、上級の党機関の決定を実行する責任がある。その決定が実情にあわないと認めた場合には、上級の機関にたいして、決定の変更をもとめることができる。上級の機関がさら

にその決定の実行をもとめたときには、意見を保留して、その実行にあたる」

「上級の党機関の決定を実行する責任」は、党機関にも支部にももとめられます。

第十五条、第十六条の規定は、第二回で学んだ民主集中制の、「党の意思決定は、民主的な議論をつくし、最終的には多数決で決める」、「決定されたことは、みんなでその実行にあたる」という重要な柱を、より具体的、実践的に規定したものです。

上級機関の決定を自分たちの党組織に具体化し、党組織や党員の意見をよくきいて、民主的に決定をおこなうこと、そして、決定の実行に責任をもつこと――この両面があって、民主集中制の組織原則は生きた力を発揮します。こうした指導と活動のあり方を、〝双方向・循環型〟といっています。〝知恵は現場にある〟〝成功とともに失敗の経験、苦労からも深く学んでこそ、前進の展望が見えてくる〟――地区委員会が日常的に支部に足を運び、意見や悩みもよくきき、方針を練りあげ、ともに実践する姿勢で活動してこそ、強く大きな党づくり、「支部が主役」の活動を発展させることができます。

地方党機関の「自治権」と中央の「助言」

第十七条は、国際的・全国的な性質の問題、地方的な性質の問題の処理にかんする規定です。国際的・全国的な性質の問題については、全党の行動の統一をはかるために、「個々の党組織と党員は、党の全国方針に反する意見を、勝手に発表することをしない」と規定しています。党組織や党員がこの規定に反して〝自分の意見〟を勝手に公表すれば、統一した政党として国民への責任をはたせず、信頼を失ってしまいます。

改定された規約にあらたに明記されたのは、「地方的な性質の問題については、その地方の実情に応じて、都道府県機関と地区機関で自治的に処理する」という規定です（改定前の規約では「自主的に処理する」となっていました）。「自主的」といっても「自治的」といっても中身は同じですが、党の組織と運営の全体をのべた第十七条で「自治的に処理する」とされたのは、党の発展段階をふまえ、地方党機関がもつ権限をより明確にし、積極的なイニシアチブを発揮して処理にあたれるようにするためです。これにともない、第三十一条、第三十六条にも、都道府県委員会、地区委員会の任務として、地方的な問題、地区的な問題は、「自主的に処理する」と明記されました。

同時に、中央委員会の任務を規定した規約第二十一条は、「（七）地方党組織の権限に属する問題でも、必要な助言をおこなうことができる」と規定しています。中央委員会は地方党組織が何をやっていても関知せずということではなく、気がついた問題については助言するし、地方党組織も、自治だから何でも自分たちでということでなく、判断に迷い、困る問題については中央委員会、都道府県委員会に相談する――全体として、政治的に強い党になるためにたがいに努力することを明確にしています。規約第三十一条は、都道府県委員会が地区党組織にたいして助言できると規定しています。

地区委員会と支部との「共通の事業」として

「第十二条　党は、職場、地域、学園につくられる支部を基礎とし、基本的には、支部――地区――都道府県――中央という形で組織される」

第十二条について、第四回で、党の組織の構成のなかで支部が基礎組織であることを学びました。同時に、「基本的には、支部――地区――都道府県――中央という形で組織される」という規定は、地区委員会と支部との関係を理解するうえでも大切です。

党組織の相互関係について、第二十二回党大会での党規約改定案についての報告は、「今回の規約改定案をつくるさい、いちばん苦労した点の一つ」として、これまで「上級・下級」という言葉を気軽につかってきたが、「中央委員会から支部にいたる党機関・党組織の相互の関係は、基本的には、共通の事業に携わるもののあいだでの任務の分担、機能の分担という関係であります。職責によって責任の重さ、広さという違いはありますが、その関係は規約に規定された組織上の関係であって、身分的な序列を意味するものではありません」、「この精神を、党の民主的な気風を発揚する一つの力として、おおいに重視し、また活用してもらいたい」とのべています。

あとでものべますが、地区委員会は支部を直接指導、援助する任務をもっています。規約第十五条、第十六条についてのべたように、地区委員会が決定をおこない、決定の実行に責任をもつためには、地区委員会から支部への一方通行でなく、地区委員会と支部との「共通の事業」として、支部の活動に学び、意見をよくきき、ともに考え、ともに実践する姿勢で——民主集中制の原則を日常の活動に生かすことが大切です。

（2）地区組織、地区委員会の任務と活動

次に、規約「第六章　地区組織」について学びます。なお、規約「第五章　都道府県組織」の内容は、都道府県と地区、地区と支部との関係にかかわる規定、都道府県委員会は名誉役員をおくことができるという規定をのぞけば「第六章　地区組織」と同様です。

地区党会議と「総合計画」の大切さ——大きな志をもって

規約第三十四条は、「地区組織の最高機関は、地区党会議である。地区党会議は、地区委員会によって招集され、一年に一回ひらく」と規定しています。

地区党会議を地区組織の「最高機関」というのは、前回の地区党会議以降の活動を総括し、党大会、中央委員会総会、都道府県党会議などの決定にもとづく、次の地区党会議までの活動方針、さらに中・長期の目標と計画を決定し、その実行に責任をもつ地区委員会を選出する会議だからです。

地区党会議を「最高機関」にふさわしい会議にするために、どのように準備し、運営すればいいでしょうか。地区党会議の代議員の選出方法と比率は、地区委員会が決定し（規約第三十四条）、支部

に示します。地区委員会は、可能なかぎり党内民主主義が発揮されるように、地区党組織の全体を代表するにふさわしい代議員数を決めること、すべての支部が支部総会を大多数の党員の参加でひらき、正代議員は定数どおりに、補欠代議員は若干名を選出すること、選出された代議員が地区党会議に100％出席し、民主的に討議をつくし、議案を練りあげられるように十分に時間をとって運営することなどが大切です。

このように、地区党会議をひらき、支部と党員の総意を集め、草の根で活動を積み重ねている政党は日本共産党だけであり、ここに、党が国民と深く結びついて真価を発揮する大事な組織的保障があります。

規約第三十五条は、地区党会議の任務を、四点規定しています。

ここでは、「(二) 中央および都道府県の党機関の方針と政策を、その地区に具体化し、地区の方針と政策を決定する」についてのべます。

地区党会議で決定する「地区の方針と政策」の中心は、地区委員会の「総合計画」です。「総合計画」で何よりも大切なことは、綱領の実現――二一世紀の早い時期に民主連合政府を実現していくために、高い志をもって、自分たちの地区委員会はどんな活動にとりくみ、どんな役割をはたすのか、どれだけの党をどうやってつくるのか、その決意と思いをこめて、活動計画を具体的にもつことです。地区党会議で「総合計画」が決定されたら、それを実現していくために、日々努力し、つねにたちかえり、活動方針を充実、発展させていきましょう。

第二十六回党大会は、「第三の躍進」の本格的な始まりという歴史的な情勢のもとで、二〇一〇年代に「成長・発展目標」を実現するために、党勢の倍加と党の世代的継承を党建設の「二大目標」として提起しました。「成長・発展目標」、党建設の「二大目標」をやりとげていくために、すすんだ組織も遅れた組織も、意欲的な目標と計画を「総合計画」に具体化していくことがもとめられます。

規模の小さなある地方の地区委員会は、第二十六回党大会をうけ、地区党組織の高齢化を直視し、世代的継承を大胆にすすめ、党勢の倍加に挑戦することを明確にうちだし、すべての支部が若い世代と結びつくことを「総合計画」にかかげました。そのために、若い世代むけの〝後援会ニュース〟の発行をはじめました。支部に、「しんぶん赤旗」読者なみの位置づけで若い〝ニュース読者〟を組織することを提起し、党大会から半年あまりで三〇〇人をこえる若い人と結びつき、国政選挙、地方選挙、党づくりに実らせようと努力しています。

「第三十六条　地区党会議からつぎの地区党会議までの指導機関は地区委員会である。地区委員会は、地区党会議決定の実行に責任をおい、主としてつぎのことをおこなう。
（一）　その地域で党を代表し、地区の党組織を指導する。
（二）　中央および都道府県の党機関の決定の徹底をはかるとともに、具体化・実践する。
（三）　地区的な問題は、その地区の実情に応じて、自主的に処理する。

（四）支部活動を指導する直接の任務をもつ指導機関として、支部への親身な指導と援助にあたる。

（五）幹部を系統的に育成し、適切な配置と役割分担をおこなう。

（六）地区党組織の財政活動の処理と指導にあたる」

第三十六条は、地区党会議から地区党会議までの指導機関である地区委員会の任務と活動を具体的に規定しています。

その地域で党を代表する活動を強める

「その地域で党を代表」する――それぞれの地域で、日本共産党を代表して政治活動、国民運動に積極的にとりくみ、〝日本共産党ここにあり〟という存在感を示していくことは、地区委員会の大切な任務です。全国的な政治的課題、国民運動の課題とともに、それぞれの地域で地方政治に責任をもつために、身近で切実な要求を積極的にとりあげ、地方議員（団）の活動を強め、連けいして、住民要求を実現していくことです。また、革新懇運動やさまざまな「一点共闘」をはじめ、はばひろい団体、個人と対話、懇談したり、共同の行動にとりくむなど、その活動は多彩です。

ある地区委員会は、毎年、主産業である農業問題でシンポジウムをひらき、農家と対話し、首長、ＪＡ関係者はじめ、幅広い人たちが参加し、協力を得ています。この活動を積み重ねることで、地区委員会も支部も農業問題での政策的な力をつけ、農家と結びつき、地域になくてはならない存在として信頼を広げ、党づくりでも着実に前進しています。

「その地域で党を代表」するという規定は、地方的な性質の問題については「自治的に処理する」と規定した規約第十七条に対応するものです。党規約改定案についての報告（第二十二回党大会）は、「このことを本気でやろうと思うと、地方の党機関が、政治問題にもおおいに自主的・自治的に挑戦して、自主的・自治的に答えを出す必要がありますし、そのためには、それぞれの党機関の政治的な力量・水準というものをみずから発展させる努力が不可欠」とのべています。

日本共産党十勝地区委員会主催で開かれた「食と農のつどい」（2014年2月、北海道音更町）

党大会、中央委員会の決定を全党のものに

「（二）中央および都道府県の党機関の決定の徹底をはかるとともに、具体化・実践する」ことは、地区委員会の非常に大切な任務です。

〝決定で党をつくる〟といわれますが、努力している地区委員会では、決定を十分に時間をかけて討議、具体化し、すべての支部が討議し、すべての党員が読了することを地区委員会と支部のもっとも大切な任務の一つとして力をつくしています。決定の討議、読了の数字だけをみて〝一丁あがり〟とするのでなく、支部、党員が決定をどのように受けとめ、どんな感想、意見がだされているのか、職場や地域、学園の状況にひきよせて討議しているのかなどをよくつかみ、不十分な理解、意見や疑問があればていねいにこたえています。そして、実践のなかでたえず決定にたちかえり、理解を深めるように努力し、決定の中心点、大切さ、面白さを党組織全体の共通認識にし、実践できるようにしています。

このように、党大会、中央委員会の決定を全党のものにしていくカギは、地区委員会自身がその内容をしっかり身につけることにあります。第二十六回党大会決議は、党機関が、綱領、党大会、中央委員会総会の決定をどのように討議するのかについて、「綱領を実現していく立場から、なぜこの決定が出されたのか、何がポイントなのか、その核心が〝腑《ふ》に落ち〟〝元気が出る〟ところまで討議をつくし、情勢の特徴、党の役割、活動の発展方向をしっかりとつかむ」とのべています。

「支部への親身な指導と援助」とは

「(四) 支部活動を指導する直接の任務をもつ指導機関として、支部への親身な指導と援助にあたる」ことは、中央委員会、都道府県委員会がとってかわることができない、地区委員会ならではの特別重要な任務です。苦労もありますが、支部とともにそれをのりこえて前進する喜びはひとしおです。

「支部への親身な指導と援助」のためにはどういう努力がもとめられるでしょうか。

第二十五回党大会二中総決定（二〇一〇年九月）は、同年夏の参議院選挙での後退を深く総括し、党機関の指導と活動のあり方の抜本的な改善・刷新の努力方向を提起しました。その核心は、「支部と党員は国民と生きた結びつきを広げつよめることを最優先にする、党機関は支部と党員がそうした活動にとりくむことを援助することを最優先にする」ことにあります。

そして、具体的な改革の方向として、「まずなによりも支部に出かけ、支部のおかれている状況を丸ごとつかみ、支部の自主性、自発性、創意を尊重し、支部が自由闊達《かったつ》にのびのびと活動できるようにする指導・援助をおこなう」、「政治抜きの実務指導でなく、支部と一人ひとりの党員に勇気と確信をわきたたせる政治指導を重視」、「支部の悩みによく耳を傾け、支部が直面している困難をよくつかみ、それをともに打開する……。党員一人ひとりの健康、家族、生活のうえでの悩みにも相談にのり、党員一人ひとりを大切にする、温かい人間的信頼でむすばれた党をつく（る）」、「『その地方で日本共産党を代表する機関』として、地方政治の問題に責任をおうとともに、直接国民に働きかけるさまざまな政治活動を、抜本的に強化」、「非常勤を含めて一万人を超える地区役員の全体の力を結集し、引き出す」ことなどを提起しています。

これらを指針に、支部への指導、援助について考えてみましょう。その際、〝支部を指導、援助する〟ことを難しく考えないことが大切です。さきに、〝知恵は現場にある〟とのべましたが、地区委員会は、何より支部に足を運び、支部の日常活動、粘り強い努力をよく知り、悩みや苦労をよくきくことからはじめましょう。これは、地区役員ならだれでもできることです。そして、支部で知り、きいたことを地区委員会にもちかえって、報告し、決定にもとづいてどのように援助すればいいかを集団的に話し合い、その内容をもって、さらに支部にでむく――こういう努力を粘り強く積み重ねていくことが何より大事です。

支部のなかには、いろいろな事情から、〝自分たちの支部は……〟と後ろ向きになっている支部もありますが、そういう支部にも前進の条件はあり、その力をもっています。職場、地域でも、学園でも、自民党政治のゆきづまり、安倍政権の暴走の一歩一歩が、まわりの人たちとの矛盾を広げており、党員一人ひとりは、仕事と生活をとおして、多くの人たちと結びつき、信頼をえています。そこに光をあてれば、どんな支部でも、かならず前進の糸口をみつけていくことができます。

支部が困難をのりこえ、前進している経過をたんねんにたどると、どの支部も、職場、地域、学園でどんな支部をめざすのか、目標をしっかりかかげ、二年、三年、四年と粘り強く努力を重ねています。「支部が主役」の自覚的で楽しい支部活動――「政策と計画」をもち、支部会議を開催し、支部長と支部指導部を確立し、みんなが参加する党活動――をつくるために、支部の成長の歩みをよくみて、時間はかかっても中断することなく援助していきましょう。

規約第三十六条が示している地区委員会の任務と活動について三つの点をのべましたが、これらを実践していくうえで、「地区党会議からつぎの地区党会議までの指導機関」である地区委員会総会を定期的に開催し、運営することが大切です。地区委員会総会の決定は、地区委員会と支部の日常の活動を発展させる指針となるものです。地区委員長と常任委員会は、地区委員会総会で決定する方針案をよく準備し、全員参加で民主的討議をつくして、決定し、実行する責任をはたせるように運営しましょう。

補助指導機関の任務と活動

第十八条は、「補助指導機関」について規定しています。補助指導機関は、一つの自治体・行政区、経営、学園にいくつかの地区、支部がある場合に、共同して活動をすすめるために、都道府県委員会や地区委員会のもとにつくられます。

規約は、補助指導機関の任務と活動について、「自治体活動やその地域・経営・学園での共同の任務に対応することにあり、地区委員会や都道府県委員会にかわって基本指導をになうことではない」（第十八条）と規定しています。

大規模な自治体合併にともない（この十年間で、地方自治体総数は三二〇〇から一七一八に、政令市は一三から二〇に）、一つの自治体にたくさんの支部が活動するようになり、また、支部を献身的に支えてきた地方議員数が減っています。その状況をふまえ、第二十四回党大会決議（二〇〇六年一月）は補助指導機関の「任務と活動」について、「自治体活動に的確に対応するとともに、党活動、党建設を前進させるために、補助指導機関をつくり、地区機関の体制強化をはかっていくことも探求する」とよびかけました。

それから九年たち、補助指導機関の確立がすすみ、実践も強められてきました。自治体・行政区に補助指導機関をつくり、自治体活動、地域の要求運動に積極的にとりくむとともに、地方選挙、自治体単位で得票結果が示される国政選挙など、選挙戦の政治目標をもち、やりぬいていくために共同してとりくんでいる党組織が各地に生まれています。これらの経験をとおして、補助指導機関は、規約どおり、自治体活動や要求活動、選挙戦など、「その地域・職場・学園での共同の任務」に積極的にとりくんでいるところで、「車の両輪」の活動、「支部が主役」の活動を発展させていることが明らかになってきています。

規約は、補助指導機関の構成は、「対応する諸地区委員会および諸支部からの選出による」と規定しています。地区委員会のもとに設置する補助指導機関は、支部代表者会議をひらいて、選出し、民主的な運営につとめましょう。

(3) 党機関の体制、財政など

幹部の系統的育成と機関体制の強化

機関役員の構成は、知恵と経験に富み、きたえられた幹部とともに、能力、品性をそなえた将来性ある若い幹部を抜てきし、力をあわせていけるようにすることが基本です。とくに、市民道徳と社会的道義を守ることは、機関役員として必須の要件です。

規約は、「幹部を系統的に育成し、適切な配置と役割分担をおこなう」(第三十一条、第三十六条)

ことを、都道府県委員会、地区委員会の任務の一つとしています。機関役員、地方議員・候補者、支部長などを着実に新しい世代に継承していくことは、どこでも切実な課題になっています。

どうやって幹部を育てていけばよいでしょうか。第二十一回党大会報告（一九九七年九月）は、幹部・活動家の系統的な育成について、「党全体としていえば、前大会で強調したように、青年層を大きく党に迎えいれること、民主青年同盟の発展を援助することが、後継者問題を解決するもっとも大局的でもっとも重要な課題」とのべています。

ある政令市の地区委員会は、地区委員の過半数が六〇歳未満で、二〇～三〇代の地区委員も13％をしめています。その背景には、地域でも職場でも、世代的継承に粘り強くとりくんできたことがあります。地区委員会は、民青地区委員会を粘り強く援助し、青年支部を行政区ごとに組織し、党をあげて世代的継承をすすめる経験交流を重ねてきました。

このように、党建設の「二大目標」の達成に真剣にとりくみ、地域でも職場でも学園でも、現役世代、若い世代を党に迎え、広いすそ野を築いていくなかで、若く将来性のある幹部を思い切って抜てきし、系統的な学習と実践により、成長を保障していくことが大切です。

この点で、規約第十三条が、「中央、都道府県および地区の役員に選挙される場合は、二年以上の党歴が必要である」と党機関役員の資格要件（党歴）を一本化したことは重要です。改定前の規約では、中央役員は「八年以上」、都道府県役員は「六年以上」、地区役員は「四年以上」の党歴が必要とされていました。党規約改定案についての報告（第二十二回党大会）は、改定の「積極的な意味は、これからの党づくりを考えてゆけば、きわめてはっきりしている」として、「若い世代をどんどん吸収して、若い力をダイナミックに反映した党をつくりあげ、発展させてゆくことは、二十一世紀を前にしての重大な課題」とのべています。

規約第三十七条は、「地区委員会は、委員長と常任委員会を選出する。また必要な場合は、副委員長をおくことができる」と規定しています。地区常任委員会は、地区委員会の指導機関として、「地区委員会総会からつぎの総会までのあいだ、地区委員会の職務をおこなう」という地区委員会のカナメの役割をはたすことが求められます。地区常任委員会の選出にあたっては、「地区委員会の職務をおこなう」ことに責任をもてる体制を確立するために努力しましょう。

第二十六回党大会決議は、「指導機関の中核をなす常勤常任委員が減少し、中間機関の体制が弱体化していることは、あらゆる活動を促進していくうえで大きな障害となっている」として、「党機関の常勤常任委員を都道府県委員会は七人以上、地区委員会は三人以上にすることをめざす」とのべています。常勤常任委員を積極的に配置できるよう、人的にも財政的にもその保障をつくりだすために計画的に努力しましょう。同時に、地区常任委員会、地区委員会、補助指導機関、職場援助委員会、各専門部などに、経験豊富なベテラン党員、職場を退職した党員などに積極的に加わってもらい、その力を発揮してもらうことも大切です。

財政活動、規律

規約「第十章　資金」は、党の資金を、党費、党の事業収入（「しんぶん赤旗」と党発行の雑誌の購読料が中心）、党への個人の寄付などによってまかなうと規定しています。また、規約第三十一条、第三十六条は、都道府県委員会、地区委員会の任務の一つとして、それぞれの党組織の「財政活動の処理と指導にあたる」と明記しています。

党は、党費の納入、機関紙誌などの事業収入、個人募金に、節約など支出改善の努力を加えて、「財政活動の四原則」としています。たえず党員を増やし、党費の納入率を高めて財政活動の幹を太くしながら、財政計画をもち、他にどんな緊急、重要な課題があるときでも、積極的な財政活動、正確な財政運営に努力しましょう。

財政活動の強化は、「支部が主役」で日常的系統的にとりくむことが大切であり、地区委員会は、支部に財政係を確立し、支部財政係会議で活動を交流するなどイニシアチブを発揮しましょう。

規約「第十一章　規律」は、党員の規律違反行為にたいする処分についての規定です。

規約第四十八条は、「党員が規約とその精神に反し、党と国民の利益をいちじるしくそこなうときは規律違反として処分される」として、処分について具体的に規定しています。地区委員会にもとめられるのは、規約第五条（一）が規定しているように「市民道徳と社会的道義をまもり、社会にたいする責任をはたす」ことを、党員のもっとも大切な活動姿勢として、支部会議の開催をはじめ、「党生活確立の三原則」の確立、〝あたたかく戦闘的な党づくり〟に努力し、規律違反を生まない党をつくることです。同時に、規律違反がおこったら、軽視せず、規約どおりに迅速、厳格に対応し、過ちをくりかえさないために深く教訓を学びとることです。

最後に、規約第五十六条は、「中央委員会は、この規約に決められていない問題については、規約の精神にもとづいて、処理することができる」と規定しています。これは中央委員会についての規定ですが、党機関、支部も、解決がもとめられる問題が生じた場合、「規約の精神」をしっかりつかんで対応し、必要な場合は、上級機関に指導をもとめて、解決していきましょう。

＊　＊　＊

『月刊学習』に掲載した「連載講座　みんなで学ぶ党規約」には、「支部会議で民主集中制について学びました」、「『支部が主役』の活動を強め、民主連合政府実現という大事業をにないたい」、「何かあったらでなく、日常的に規約を学んでいきたい」、「支部で学び、はじめて知ることが多く、党活動についてよくわかった」など、たくさんの感想が寄せられています。

連載が続いた五カ月の間に、安倍政権が集団的自衛権行使容認の「閣議決定」(二〇一四年七月一日)を強行し、「戦争をする国にさせない」との世論とたたかいが劇的に発展するなど、あらゆる分野で、情勢はいちだんと激動の様相を強めています。日本共産党は、この歴史的たたかいのなかで、「党創立九十二周年・いっせい地方選挙勝利をめざす躍進月間」(二〇一四年五月から七月末まで)に意気高くとりくみ、新しい前進を開始しました。

党規約に学んで、党活動・党建設を前進させることがいよいよ大切な時代を迎えています。党機関、党支部のみなさんが、党規約を学び、活動の指針としてしっかり身につけ、豊かな実践にとりくまれることを心からよびかけます。

（平井恒雄・組織局）

日本共産党規約

（第二十二回党大会　二〇〇〇年十一月二十四日改定）

第一章　日本共産党の名称、性格、組織原則

第一条　党の名称は、日本共産党とする。

第二条　日本共産党は、日本の労働者階級の党であると同時に、日本国民の党であり、民主主義、独立、平和、国民生活の向上、そして日本の進歩的未来のために努力しようとするすべての人びとにその門戸を開いている。

党は、創立以来の「国民が主人公」の信条に立ち、つねに国民の切実な利益の実現と社会進歩の促《そく》進《しん》のためにたたかい、日本社会のなかで不屈の先進的な役割をはたすことを、自らの責務として自覚している。終局の目標として、人間による人間の搾取《さくしゅ》もなく、抑圧《よくあつ》も戦争もない、真に平等で自由な人間関係からなる共同社会の実現をめざす。

党は、科学的社会主義を理論的な基礎とする。

第三条　党は、党員の自発的な意思によって結ばれた自由な結社であり、民主集中制を組織の原則とする。その基本は、つぎのとおりである。
（一）　党の意思決定は、民主的な議論をつくし、最終的には多数決で決める。
（二）　決定されたことは、みんなでその実行にあたる。行動の統一は、国民にたいする公党としての責任である。
（三）　すべての指導機関は、選挙によってつくられる。
（四）　党内に派閥・分派はつくらない。
（五）　意見がちがうことによって、組織的な排除をおこなってはならない。

第二章　党　員

第四条　十八歳以上の日本国民で、党の綱領と規約を認める人は党員となることができる。党員は、党の組織にくわわって活動し、規定の党費を納める。
第五条　党員の権利と義務は、つぎのとおりである。
（一）　市民道徳と社会的道義をまもり、社会にたいする責任をはたす。
（二）　党の統一と団結に努力し、党に敵対する行為はおこなわない。
（三）　党内で選挙し、選挙される権利がある。

（四）党の会議で、党の政策、方針について討論し、提案することができる。
（五）党の諸決定を自覚的に実行する。決定に同意できない場合は、自分の意見を保留することができる。その場合も、その決定を実行する。党の決定に反する意見を、勝手に発表することはしない。
（六）党の会議で、党のいかなる組織や個人にたいしても批判することができる。また、中央委員会にいたるどの機関にたいしても、質問し、意見をのべ、回答をもとめることができる。
（七）党大会、中央委員会の決定をすみやかに読了し、党の綱領路線と科学的社会主義の理論の学習につとめる。
（八）党の内部問題は、党内で解決する。
（九）党歴や部署のいかんにかかわらず、党の規約をまもる。
（十）自分にたいして処分の決定がなされる場合には、その会議に出席し、意見をのべることができる。

第六条　入党を希望する人は、党員二名の推薦《すいせん》をうけ、入党費をそえて申し込む。いちじるしく反社会的で、党への信頼をそこなう人は入党させることができない。入党は、支部で個別に審議したうえで決定し、地区委員会の承認をうける。地区委員会以上の指導機関も、直接入党を決定することができる。

第七条　他の政党の党員は、同時に日本共産党員であることができない。

他党の党員であった経歴をもつ人を入党させる場合には、都道府県委員会または中央委員会の承認をうける。

第八条　党組織は、新入党者にたいし、その成長を願う立場から、綱領、規約など、日本共産党の一員として活動するうえで必要な基礎知識を身につけるための教育を、最優先でおこなう。

第九条　転勤・転職・退職・転居などによって所属組織の変更が必要となる場合、党員と党組織はすみやかに転籍の手続きをおこなう。

第十条　党員は離党できる。党員が離党するときは、支部または党の機関に、その事情をのべ承認をもとめる。支部または党の機関は、その事情を検討し、会議にはかり、離党を認め、一級上の指導機関に報告する。ただし、党規律違反行為をおこなっている場合は、それにたいする処分の決定が先行する。

一年以上党活動にくわわらず、かつ一年以上党費を納めない党員で、その後も党組織が努力をつくしたにもかかわらず、党員として活動する意思がない場合は、本人と協議したうえで、離党の手続きをとることができる。本人との協議は、党組織の努力にもかかわらず不可能な場合にかぎり、おこなわなくてもよい。

第十一条　党組織は、第四条に定める党員の資格を明白に失った党員、あるいはいちじるしく反社会的な行為によって、党への信頼をそこなった党員は、慎重《しんちょう》に調査、審査のうえ、除籍することができる。除籍にあたっては、本人と協議する。党組織の努力にもかかわらず協議が不可能な場合は、おこなわなくてもよい。除籍は、一級上の指導機関の承認をうける。
除籍された人が再入党を希望するときは、支部・地区委員会で審議し、都道府県委員会が決定する。

第三章　組織と運営

第十二条　党は、職場、地域、学園につくられる支部を基礎とし、基本的には、支部――地区――都道府県――中央という形で組織される。

第十三条　党のすべての指導機関は、党大会、それぞれの党会議および支部総会で選挙によって選出される。中央、都道府県および地区の役員に選挙される場合は、二年以上の党歴が必要である。
選挙人は自由に候補者を推薦《すいせん》することができる。指導機関は、次期委員会を構成する候補者を推薦する。選挙人は、候補者の品性《ひんせい》、能力、経歴について審査する。
選挙は無記名投票による。表決は、候補者一人ひとりについておこなう。

第十四条　党大会、および都道府県・地区・支部の党会議は代議員の過半数（支部総会は党員総数の過半数）の出席によって成立する。中央委員会、都道府県委員会、地区委員会の総会も、委員の過半数の出席によって成立する。

第十五条　党機関が決定をおこなうときは、党組織と党員の意見をよくきき、その経験を集約、研究する。出された意見や提起されている問題、党員からの訴えなどは、すみやかに処理する。党員と党組織は、党の政策・方針について党内で討論し、意見を党機関に反映する。

第十六条　党組織には、上級の党機関の決定を実行する責任がある。その決定が実情にあわないと認めた場合には、上級の機関にたいして、決定の変更をもとめることができる。上級の機関がさらにその決定の実行をもとめたときには、意見を保留して、その実行にあたる。

第十七条　全党の行動の統一をはかるために、国際的・全国的な性質の問題については、個々の党組織と党員は、党の全国方針に反する意見を、勝手に発表することをしない。

地方的な性質の問題については、その地方の実情に応じて、都道府県機関と地区機関で自治的に処理する。

第十八条　新しく支部および地区組織をつくったり、地区組織の管轄《かんかつ》をかえたりする場合は、一級上の指導機関に申請し、その承認をうける。

都道府県委員会は、必要に応じて、大都市など、いくつかの地区にわたる広い地域での活動を推進するために、補助指導機関をもうけることができる。

また、地区委員会および都道府県委員会は、経営や地域（区・市・町村）、学園にいくつかの支部がある場合、必要に応じて、補助的な指導機関をもうけることができる。

補助指導機関を設置するさいには、一級上の指導機関の承認を必要とし、構成は、対応する諸地区委員会および諸支部からの選出による。

補助指導機関の任務と活動は、自治体活動やその地域・経営・学園での共同の任務に対応することにあり、地区委員会や都道府県委員会にかわって基本指導をになうことではない。

第四章　中央組織

第十九条　党の最高機関は、党大会である。党大会は、中央委員会によって招集され、二年または三年のあいだに一回ひらく。特別な事情のもとでは、中央委員会の決定によって、党大会の招集を延期することができる。中央委員会は、党大会の招集日と議題をおそくとも三カ月前に全党に知らせる。

中央委員会が必要と認めて決議した場合、または三分の一以上の都道府県党組織がその開催をもとめた場合には、前大会の代議員によって、三カ月以内に臨時党大会をひらく。

党大会の代議員選出の方法と比率は、中央委員会が決定する。

代議員に選ばれていない中央委員、准中央委員は評議権をもつが、決議権をもたない。

第二十条　党大会は、つぎのことをおこなう。

(一)　中央委員会の報告をうけ、その当否を確認する。

(二)　中央委員会が提案する議案について審議・決定する。

(三)　党の綱領、規約をかえることができる。

（四）　中央委員会を選出する。委員会に准中央委員をおくことができる。

第二十一条　党大会からつぎの党大会までの指導機関は中央委員会である。中央委員会は、党大会決定の実行に責任をおい、主としてつぎのことをおこなう。

（一）　対外的に党を代表し、全党を指導する。

（二）　中央機関紙を発行する。

（三）　党の方針と政策を、全党に徹底《てってい》し、実践する。その経験をふまえてさらに正しく発展させる。

（四）　国際問題および全国にかかわる問題について処理する責任をおう。

（五）　科学的社会主義にもとづく党の理論活動をすすめる。

（六）　幹部を系統的に育成し、全党的な立場で適切な配置と役割分担をおこなう。

（七）　地方党組織の権限に属する問題でも、必要な助言をおこなうことができる。

（八）　党の財政活動の処理と指導にあたる。

第二十二条　中央委員会総会は、一年に二回以上ひらく。中央委員の三分の一以上の要求があったときは中央委員会総会をひらかなければならない。准中央委員は、評議権をもって中央委員会総会に出席する。

第二十三条　中央委員会は、中央委員会幹部会委員と幹部会委員長、幹部会副委員長若干名、書記局長を選出する。また、中央委員会議長を選出することができる。

中央委員会は必要が生じた場合、准中央委員のなかから中央委員を補《おぎな》うことができる。また、やむをえない理由で任務をつづけられない委員・准委員は、本人の同意をえて、中央委員会の三分の二以上の多数決で解任することができる。その場合、つぎの党大会に報告し承認をうける。

第二十四条　中央委員会幹部会は、中央委員会総会からつぎの中央委員会総会までのあいだ中央委員会の職務をおこなう。

幹部会は常任幹部会を選出する。常任幹部会は、幹部会の職務を日常的に遂行《すいこう》する。

幹部会は、書記局長を責任者とする書記局を設《もう》け、書記局員を任命する。書記局は、幹部会および常任幹部会の指導のもとに、中央の日常活動の処理にあたる。

幹部会は、中央機関紙の編集委員を任命する。

第二十五条　中央委員会は、訴願《そがん》委員を任命する。訴願委員会は、党機関の指導その他党活動にかかわる具体的措置《そち》にたいする党内外の人からの訴え、要望などのすみやかな解決を促進《そくしん》する。

第二十六条　中央委員会は、規律委員を任命する。規律委員会は、つぎのことをおこなう。

（一）　党員の規律違反について調査し、審査する。

（二）　除名その他の処分についての各級党機関の決定にたいする党員の訴えを審査する。

第二十七条　中央委員会は、監査委員を任命する。監査委員会は、中央機関の会計と事業、財産を監査する。

第二十八条　中央委員会は、名誉役員をおくことができる。中央委員会が、名誉役員をおくときは、党大会に報告し承認をうける。

第五章　都道府県組織

第二十九条　都道府県組織の最高機関は、都道府県党会議である。都道府県党会議は、都道府県委員会によって招集され、一年に一回ひらく。特別な事情のもとでは、都道府県委員会は、中央委員会の承認をえて、招集を延期することができる。

都道府県委員会が必要と認めて決議した場合、または三分の一以上の地区党組織がその開催をもとめた場合には、前党会議の代議員によって、すみやかに臨時党会議をひらく。

都道府県党会議の代議員の選出方法と比率は、都道府県委員会が決定する。

代議員に選ばれていない都道府県委員、准都道府県委員は評議権をもつが、決議権をもたない。

第三十条　都道府県党会議は、つぎのことをおこなう。

(一)　都道府県委員会の報告をうけ、その当否を確認する。

(二)　党大会と中央委員会の方針と政策を、その地方に具体化して、都道府県における党の方針と政策を決定する。

(三)　都道府県委員会を選出する。委員会に准都道府県委員をおくことができる。

(四)　党大会が開催されるときは、その代議員を選出する。

第三十一条　都道府県党会議からつぎの都道府県党会議までの指導機関は都道府県委員会である。都道府県委員会は、都道府県党会議決定の実行に責任をおい、主としてつぎのことをおこなう。
（一）その都道府県で党を代表し、都道府県の党組織を指導する。
（二）中央の諸決定の徹底《てってい》をはかるとともに、具体化・実践する。
（三）地方的な問題は、その地方の実情に応じて、自主的に処理する。
（四）幹部を系統的に育成し、適切な配置と役割分担をおこなう。
（五）地区党組織の権限に属する問題でも、必要な助言をおこなうことができる。
（六）都道府県党組織の財政活動の処理と指導にあたる。

第三十二条　都道府県委員会は、委員長と常任委員会を選出する。また必要な場合は、副委員長および書記長をおくことができる。

常任委員会は、都道府県委員会総会からつぎの総会までのあいだ、都道府県委員会の職務をおこなう。

都道府県委員会は、必要が生じた場合、准都道府県委員のなかから都道府県委員を補《おぎな》うことができる。また、やむをえない理由で任務をつづけられない委員・准委員は、本人の同意をえて、都道府県委員会の三分の二以上の多数決で解任することができる。その場合、つぎの都道府県党会議に報告し、承認をうける。

都道府県委員会は、その会計と事業、財産を監査するために監査委員会をもうけることができる。

第三十三条　都道府県委員会は、名誉役員をおくことができる。都道府県委員会が、名誉役員をおくときは、都道府県党会議に報告し承認をうける。

第六章　地区組織

第三十四条　地区組織の最高機関は、地区党会議である。地区党会議は、地区委員会によって招集され、一年に一回ひらく。特別な事情のもとでは、地区委員会は、都道府県委員会および中央委員会の承認をえて、招集を延期することができる。

地区委員会が必要と認めて決議した場合、または三分の一以上の支部がその開催をもとめた場合には、前党会議の代議員によって、すみやかに臨時党会議をひらく。

地区党会議の代議員の選出方法と比率は、地区委員会が決定する。

代議員に選ばれていない地区委員、准地区委員は評議権をもつが、決議権をもたない。

第三十五条　地区党会議は、つぎのことをおこなう。

（一）　地区委員会の報告をうけ、その当否を確認する。

（二）　中央および都道府県の党機関の方針と政策を、その地区に具体化し、地区の方針と政策を決定する。

（三）　地区委員会を選出する。委員会に准地区委員をおくことができる。

（四）都道府県党会議が開催されるときは、その代議員を選出する。

第三十六条　地区党会議からつぎの地区党会議までの指導機関は地区委員会である。地区委員会は、地区党会議決定の実行に責任をおい、主としてつぎのことをおこなう。

（一）その地域で党を代表し、地区の党組織を指導する。

（二）中央および都道府県の党機関の決定の徹底《てってい》をはかるとともに、具体化・実践する。

（三）地区的な問題は、その地区の実情に応じて、自主的に処理する。

（四）支部活動を指導する直接の任務をもつ指導機関として、支部への親身な指導と援助にあたる。

（五）幹部を系統的に育成し、適切な配置と役割分担をおこなう。

（六）地区党組織の財政活動の処理と指導にあたる。

第三十七条　地区委員会は、委員長と常任委員会を選出する。また必要な場合は、副委員長をおくことができる。常任委員会は、地区委員会総会からつぎの総会までのあいだ、地区委員会の職務をおこなう。

地区委員会は、必要が生じた場合、准地区委員のなかから地区委員を補《おぎな》うことができる。また、やむをえない理由で任務をつづけられない委員・准委員は、本人の同意をえて、地区委員会の三分の二以上の多数決で解任することができる。その場合、つぎの地区党会議に報告し承認をうける。

第七章　支　部

第三十八条　職場、地域、学園などに、三人以上の党員がいるところでは、支部をつくる。支部は、党の基礎組織であり、それぞれの職場、地域、学園で党を代表して活動する。

状況によっては、社会生活・社会活動の共通性にもとづいて支部をつくることができる。

党員が三人にみたないときは付近の支部にはいるか、または支部準備会をつくる。

第三十九条　支部の最高機関は、支部の総会または党会議である。支部の総会または党会議は、すくなくとも六カ月に一回ひらく。

支部の総会または党会議は、つぎのことをおこなう。

（一）　活動の総括《そうかつ》をおこない、上級の機関の決定を具体化し、活動方針をきめる。

（二）　支部委員会または支部長を選出する。

（三）　地区党会議が開催されるときは、その代議員を選出する。

第四十条　支部の任務は、つぎのとおりである。

（一）　それぞれの職場、地域、学園で党を代表して活動する。

（二）　その職場、地域、学園で多数者の支持をえることを長期的な任務とし、その立場から、要求にこたえる政策および党勢拡大の目標と計画をたて、自覚的な活動にとりくむ。

（三）　支部の会議を、原則として週一回定期的にひらく。党費を集める。党大会と中央委員会の決定をよく討議し、支部活動に具体化する。要求実現の活動、党勢拡大、機関紙活動に積極的にとりくむ。

（四）　党員が意欲をもって、党の綱領や歴史、科学的社会主義の理論の学習に励むよう、集団学習などにとりくむ。

（五）　支部員のあいだの連絡・連帯網を確立し、党員一人ひとりの活動状況に目をむけ、すべての支部員が条件と得手《えて》を生かして活動に参加するよう努力するとともに、支部員がたがいに緊密に結びつき、援助しあう人間的な関係の確立をめざす。

（六）　職場の支部に所属する党員は、居住地域でも活動する。

第四十一条　支部総会（党会議）からつぎの支部総会（党会議）までの指導機関は、支部委員会である。支部委員会は支部長を選出する。ただし、党員数が少ない支部は、支部長を指導機関とする。どちらの場合にも状況に応じて副支部長をおくことができる。

支部には、班をもうけることができる。班には、班長をおく。

第八章　党外組織の党グループ

第四十二条　各種の団体・組織で、常任役員の党員が三人以上いる場合には、党グループを組織し、責任者を選出することができる。

党グループは、その構成と責任者の選出について対応する指導機関の承認をうけ、またその指導をうけて活動する。活動のなかで、その団体の規約を尊重することは、党グループの責務である。

党グループは、支部に準じて、日常の党生活をおこなう。

第九章　被《ひ》選出公職機関の党組織

第四十三条　国会に選出された党の議員は、国会議員団を組織する。

国会議員団は、中央委員会の指導のもとに、必要な指導機構をもうけ、国会において党の方針、政策にもとづいて活動する。その主なものは、つぎのとおりである。

(一)　国民の利益をまもるために、国会において党を代表してたたかい、国政の討論、予算の審議、法案の作成、そのほかの活動をおこなう。

(二)　国会外における国民の闘争と結合し、その要求の実現につとめる。

(三)　国民にたいして、国会における党の活動を報告する。

党の議員は、規律に反し、また国民の利益をいちじるしく害して責任を問われた場合は、決定にしたがって、議員をやめなければならない。

第四十四条　各級地方自治体の議会に選挙された党の議員は、適切な単位で必ず党議員団を構成する。すべての議員は、原則として議員団で日常の党生活をおこなう。党議員団は、対応する指導機関の指導のもとに活動する。

党の地方議員および地方議員団は、第四十三条の国会議員団の活動に準じて、地方住民の利益と福祉のために活動する。

都道府県委員会および地区委員会は、地方議員および地方議員団を責任をもって指導する。

第十章　資　金

第四十五条　党の資金は、党費、党の事業収入および党への個人の寄付などによってまかなう。

第四十六条　党費は、実収入の一パーセントとする。

党費は、月別、または一定期間分の前納で納入する。

失業している党員、高齢または病気によって扶養《ふよう》をうけている党員など生活の困窮《こんきゅう》している党員の党費は、軽減し、または免除することができる。

第四十七条　中央委員会、都道府県委員会、地区委員会は、それぞれの資金と資産を管理する。

第十一章　規　律

第四十八条　党員が規約とその精神に反し、党と国民の利益をいちじるしくそこなうときは規律違反として処分される。

規律違反について、調査審議中の党員は、第五条の党員の権利を必要な範囲で制限することができる。ただし、六カ月をこえてはならない。

第四十九条　規律違反の処分は、事実にもとづいて慎重《しんちょう》におこなわなくてはならない。

処分は、警告、権利（部分または全面）停止、機関からの罷免《ひめん》、除名にわける。

権利停止の期間は、一年をこえてはならない。機関からの罷免《ひめん》は、権利停止をともなうことができる。

第五十条　党員にたいする処分は、その党員の所属する支部の党会議、総会の決定によるとともに、一級上の指導機関の承認をえて確定される。

特別な事情のもとでは、中央委員会、都道府県委員会、地区委員会は、党員を処分することができる。この場合、地区委員会のおこなった処分は都道府県委員会の承認をえて確定され、都道府県委員会がおこなった処分は中央委員会の承認をえて確定される。

第五十一条　都道府県、地区委員会の委員、准委員にたいする権利停止、機関からの罷免《ひめん》、除名は、その委員会の構成員の三分の二以上の多数決によって決定し、一級上の指導機関の承認をうける。この処分は、つぎの党会議で承認をうけなくてはならない。

緊急にしてやむをえない場合には、中央委員会は、規律違反をおこなった都道府県・地区機関の役員を処分することができる。

第五十二条　中央委員会の委員、准委員の権利停止、機関からの罷免《ひめん》、除名は、中央委員会の三分の二以上の多数決によって決定し、つぎの党大会で承認をうけなくてはならない。

第五十三条　複数の機関の委員、准委員を兼《か》ねている党員の処分は、上級の機関からきめる。

第五十四条　除名は、党の最高の処分であり、もっとも慎重《しんちょう》におこなわなくてはならない。党員の除名を決定し、または承認する場合には、関係資料を公平に調査し、本人の訴えをききとらなくてはならない。

除名された人の再入党は、中央委員会が決定する。

第五十五条　党員にたいする処分を審査し、決定するときは、特別の場合をのぞいて、所属組織は処分をうける党員に十分意見表明の機会をあたえる。処分が確定されたならば、処分の理由を、処分された党員に通知する。各級指導機関は、規律の違反とその処分について、中央委員会にすみやかに報告する。

処分をうけた党員は、その処分に不服であるならば、処分を決定した党組織に再審査をもとめ、また、上級の機関に訴えることができる。被《ひ》除名者が処分に不服な場合は、中央委員会および党大会に再審査をもとめることができる。

付　則

第五十六条　中央委員会は、この規約に決められていない問題については、規約の精神にもとづいて、処理することができる。

第五十七条　綱領、規約の改定は、党大会によってのみおこなわれる。

この規約は二〇〇〇年十一月二十四日から効力をもつ。

講座　みんなで学ぶ党規約　「支部が主役」で強く大きな党に

2015年2月21日　初　版

著　者　日本共産党中央委員会組織局
発　行　日本共産党中央委員会出版局
〒151-8586　東京都渋谷区千駄ヶ谷4-26-7
TEL 03-3470-9636 / Email:book@jcp.or.jp
http://www.jcp.or.jp
振替口座番号 00120-3-21096
印刷・製本　株式会社 光陽メディア

ISBN978-4-530-01649-6　C0031　Printed in Japan